新・読解力向上

「自力読み」ベースの国語授業リノベーション

谷内卓生 著

東洋館出版社

はじめに　～この本の概要～

私は、新潟の公立小学校の教員です。
目の前に文章を読むことが苦手な子どもたちがいます。
文章を読むことのおもしろさを感じられない子どもたちがいます。

何とかしたい

経験を積まれた先生なら感じたことがあるはずです。国語の偏差値が高い学級と低い学級では、子どもたちの学びの様子は違っています。私の経験からですが、偏差値54ぐらいの学級では、教えていることがスッと伝わります。授業では期待している学びが展開され、私の予想を超える考えが出ることもあり、教えていて達成感があります。一方、偏差値50以下の学級では、語彙が少なく理解力も低いため、指示や発問の意味が十分に伝わりません。言葉を正しく理解しようとする意欲やスキルが低いのです。素直ないい子たちなのですが、このままでは中学校で苦しむだろう。何とかしたい。

九九を暗唱できずに三年生になったとしたら、学級担任は必死になって補習するでしょう。九九を正確に暗唱できなければ、三年生の算数ができないからです。一方、国語はどんな授業も話す・聞く・書く・読むという学習活動が行われ、一見、国語の授業が成立します。ただ読む力に課題がある学級では、教科書通りに教えても、読書の時間を増やしても読む力は一向に高まりません。

思うように学びが積み上がらず、行き詰まった私は幾つかの授業理論を試しました。その中で最も効果があったのが、二瓶弘行氏が提案する「自力読み」でした。ユニークな名前ですよね。教師の発問がなくても、子どもが自分一人の力で文章を正しく豊かに読めるようにと考えられた指導法です。「自力読み」を学ぶと、私が行っていた授業、例えば読みの力を高めたいと思いながらの読解中心・講義型授業、読むことのおもしろさを感じさせたいと思いながらの活動中心・放任型授業のどこが間違っていたのかがよく分かりました。そして、国語の授業で、どんな力を、どの作品で、どう発問して育てればよいのかが見えてきました。研究主任となった私は、全校の子どもたちと職員とで「自力読み」ベースの授業改善を進めました。その結果、学力検査の数値をぐんと高めることができたのです。

この取組を整理している際、私は幸いに二つの本と出会うことができました。奈須正裕氏の『資質・能力』と学びのメカニズム」と上野紀子氏の「ＡＩ vs. 教科書を読めない子どもたち」です。この二冊から学んだことは、今日の教育は、世界規模で「何を知っているか」という内容中心の教育から、知識を活用して「何ができるか」という資質・能力を基盤とした教育へと変化していること、それに伴って子どもたちに求める学力の中身も変わってきているということです。また子どもたちの読解力の低下は客観的データから深刻であり、具体的な方策をもって取り組まないと、いずれ産業の進歩に飲み込まれてしまうということです。これらから、読みの力を高めることは、今日的な課題であることを実感し、そのアプローチを再構成しなければならないと強く感じました。

私が危惧するまでもなく、今、全国の教室では、読みの力を高める授業改善が進んでいます。ただ、その授業は、スキルアップのための個別学習に偏っているように感じます。つまり、仲間とは関わらず個別にプリントの問題を解き、教師は多くの子どもが間違った問題のみ全体指導するというスタイルです。一方で、「主体的・対話的で深い学び」を目指した授業では、学級の仲間と意見交流しながら個の考えを深めていこうとしています。一見、二つの授業スタイルは、習熟と発展の関係のようですが、それぞれの内容のつながりはそれほど明確ではなく、知識・技能としての読解力は個別のプリントで鍛え、教科書の内容は楽しく対話をしながら行えばいいと二元的に捉えている教師が少なくありません。私たち教師が、国語の授業を通して読解力の向上という課題と、主体的・対話的で深い学びの実現という命題を両立させるには、「個の学びが学級全体の学びを通して明確になり、広がり、深まり、そのことで個・学級全体の読解力が高まる」という授業観に立たなければなりません。とすれば、本書で活用する「自力読み」という理論と実践は、個の学びと学級全体の学びとを行き来しながら読みの力を高めることができるものであり、読解力向上と「主体的・対話的で深い学び」を結び付けるものです。

ここで、本書で扱う「読解力」という言葉についてあらためて説明します。私の研究は、文章を読むことが苦手で楽しいと思えない子に、ペーパーテストで問われる基礎的な問題に正しく答えられる力を付けたいというところから始まっています。そこでまずは読解力を「国語科の文学的文章・説明的文章の読解単元で育てる力」と捉え、学力検査の数値の伸びを期待しました。そして全校で三年間、自力読みベースの授業改善を行い、目標を達成しました。職員と共に驚いたのは、知識・技能としての読解力が高まっただけでなく、子どもたちの意欲や仲間と関わる力、さらに考える力や表現する力も高まったことです。なぜそんなことができたのか。二瓶氏は「読解力」について次のように述べます。

読解力とは一つには言葉や文章を論理的に読む力、論理的思考力です。論理的に読むというのは、筋道立てて、言葉と言葉のつながりを正確に捉えられるということ。この力があるから、あなたの言いたいことが、相手が伝えたいことが、互いに論理的に受け取れるのです。もし、この力がなければ、人と関わりながら生きていきいけません。互いのことを誤って評価することで、すぐにかーっとなったり、人を傷つけたり、人との関係を切ってしまったりする原因になるのです。

読解力のもう一つの大事な観点は、やはり想像力です。物語で書かれている言葉と言葉のつながりを捉えつつ、頭の中に情景を思い描いたり、その中での人物の思いとかを思い描いたりする力、イメージ形成力とも言います。このイメージ形成力と論理的思考力の両方併せ持った人に子どもを育てていきたい。一つの言葉、一つの文を論理的に読んで、正確に受け取ることは大事なことです。

『子どもの学力がぐんぐん伸びるお母さんと一緒の読解力教室』（新潮社、二〇一四年）

二瓶氏は、読解力を論理的思考力とイメージ形成力の二つから捉え、それらは人と関わりながら生きる際の大切な力になるのだと述べます。私は、この捉えが「自力読み」に生かされていることを子どもたちの姿から実感しています。またこの学力観に従えば、知識・技能の習得としての読解力を基礎として、これからの時代に必要な資質・能力を視野に入れた読解力を育てることができると考えます。つまり、人とつながるための読解力、自分が自分らしく生きていくための読解力の育成です。では、実際の授業をどう再構成すればよいのか。本書では、「自力読み」を通して、今ある実践に新たな機能や価値を加え、これからの読解力を育てる国語授業へとリノベーションしていく方法を提案します。

令和元年十月

谷内　卓生

CONTENTS

第3章

新・読解力を支える三つのリーディング・スキル

第4章

四つのボーンで構成する新・読解力向上プログラム

第5章

子どもたちは、なぜ国語を好きになったのか

第6章

新・読解力向上プログラムを活用した九つの実践

第1章

読解力は「学級」で高まる

1 一人の学び、学級の学び

私は、高校で勉強以外のことに夢中になり大学受験では二年間浪人しました。浪人一年目は予備校に通いました。入ってすぐ、講義の分かりやすさに感動しました。また、学ぶべき知識を一年間で習得できるように、様々な講義が体系化されていることに驚きました。余談ですが、今でも心に残っているのは「同類項共倒れ」というテクニックです。内容が似ている選択肢はどちらも正しくないというものでした。もちろん全ての問題に当てはまるわけではありません。さておき、入試問題では、与えられた問題を受動的に解くのではなく、問題の向こう側にある出題者の意図も読み取ることも必要だと学びました。

我が子が通っている学習塾も同じです。読解力を伸ばすための国語のプリントが見事に体系化されています。しかも、その子どもの力に合ったプリントが提供され、もし解答に誤りがあれば、指導者から正しい答えを丁寧に説明してもらうことができます。

これらの予備校や学習塾での学びは、一緒に通う仲間はいても、学び自体は個人で行います。もし仲間と話をしたら「静かにしましょう」と注意されることでしょう。自明なことですが、子ども一人一人の読解力を上げるには、指導内容を系統化・体系化させ、知識やテクニックを分かりやすく講義したり、一対一で間違いを的確に修正したりする学習スタイルが効果的です。

一方、学校での学びにはどんな利点があるのでしょうか。

まずは学ぶ時間の多さです。読解力育成を担う「国語科」の授業は、六学年で年間一七五時間も行われます。週五時間、月曜日から金曜日まで毎日です。ひらがなの習得から始まる一年生は週八時間も行われます。計画的・系統的な学びを構成すれば、確実に力を高められます。

次に、学級での学びは、インプットとアウトプットが頻繁に行き来するということです。インプットとは、「読む」「聞く」のように脳の中に情報を入れることです。アウトプットとは「話す」「書く」「行動する」のように得た情報を脳の中で処理し、外に出すことです。授業において、文章を読む活動は、自分の考えを書いたり話したりする活動、仲間の話を聞く活動と連動して行われます。したがって読むことに関わる知識・技能を習得する上で効果的です。樺沢紫苑氏は、著書『アウトプット全集』において、インプットとアウトプットを繰り返すことでより知識が身に付くと述べます。特に「話す」「書く」という口や手など運動神経を使った記憶は運動性記憶と呼ばれ、記憶定着のカギと言われています。

さらに注目したいのは、授業における「話す」「聞く」という活動、つまり対話です。私は「自分と違う考えをどのように知るか」が新・読解力向上の一つのカギだと考えています。一人の学びでは、解答プリントに示された模範解答で学んだり、先生から指摘されたりします。一方、学級の学びは、対話を通して同じ学級の仲間の考えとの共通点や相違点から学びます。「自分一人では気付けなかったが、学級の仲間から学ぶことができた」という経験は、知識・技能の習得と同時に、人間性をも高めます。（関連20Ｐ、114Ｐ）。

2　読解力を高められない理由

読解力を高められない「学級」の問題

ところが実際の「学級の学び」は、これらの利点を生かし切れていません。そこには、まず、学級づくりの問題があります。授業を通して国語の力を高めていくには、その土台に、学び合える学習集団が必要です。しかし実際には、学習規律が整っていない学級、安心して自分を表現できない学級が少なくありません。教師の発問や指示が無視され、授業が成立しない学級もあります。このような状態では、いくら優れた指導案を実践しても、質の高いインプットやアウトプットが行われず、子どもたちの読解力向上につながらないでしょう。したがって学級担任は、四月から意図的・計画的に学級づくりに取り組まなければならないのですが、その具体的な方法を大学等で学んでいないため、教師になってから手探りで身に付けていく場合がほとんどです。

学級づくりに関して示唆を受けるのは、赤坂真二氏の「学級をチーム化するステップ」(1)です。学級づくりというと、子どもと子どもの関係の構築という観点で語られますが、赤坂氏はその前段階として、教師と子どもの関係をしっかりと結ぶ大切さを述べます。人間関係がデリケートな現代の子どもたちに合った理論です。学級づくりの最終段階である自治的集団期では、「学級のルールが定着し、自分たちの問題は自分たちで解決できるようになる」ことを目指します。私もそのような学級を目指しています。

読解力を高められない「授業」の問題

お互いを認め合える学級が形成されていたとしても、授業のつくり方によって読解力を高められないことがあります。私の経験から三つに分けてみます。

一つ目は、読解中心の授業です。物語の読解指導では、登場人物の気持ちを読み取る力を育てます。したがって私は、子どもたちに心情に関わる発問をします。ただ心情が読み取れる言葉一つ一つを吟味していると細かい発問が多くなり、一部とのやりとりで「正しい読み」を言い当てる授業になってしまいます。

いつの間にか子どもたちの意欲が低下し、国語嫌いが進みました。

二つ目は、活動中心の授業です。意欲を高めようと、劇や音読発表会など子どもたちが生き生きと動く単元を組みました。読解中心の授業とは異なり、「劇を他の学年の人や家の人に見せたい」と自分から進んで活動していました。遊びにならないように発表練習の過程で登場人物の気持ちを確認しました。ただ読解に関わる発問を偶発的・散発的に行う授業では、結局どんな力を育てたのかが曖昧でした。

三つ目は、習熟プリント中心の授業です。読解力に関わるプリントを配ると、子どもたちは個別にプリントに答えていきます。習熟の学習としてプリントを使うことはよくありますが、他の教科と違い、国語は普段の授業との整合が取れず、結局は「授業はアクティブに行い、読解力はプリントで鍛える」というように二元化してしまいました。授業が塾化していく感覚です。

3　算数の授業は、なぜおもしろいのか

では、理想の授業とは、どんな授業なのでしょうか。算数を例に述べてみます。

図１に示した授業過程は、二十年前、初任の頃に行った算数の「図形の面積」です。この授業は、何回やっても、子どもたちが面白がって課題に取り組みます。教師側も教えるべきことを教えられたという達成感を得ます。この授業には、今日の授業改善の視点が生かされています。

まず前時までに習ったこと（長方形・正方形・平行四辺形）を活用しながら、新しい図形の求積方法を習得しているという点です。次に、思考力や表現力も高めているという点です。学習者は、自己解決の場面で、「まず、同じ三角形をもう一つ使って平行四辺形にします。次に、昨日学習した『底辺×高さ』を

して面積を求めます。最後に、2つの三角形を使ったので、出た答えを半分にします。式にすると、（6×4）÷2＝12となります。」と記述します。ここでは、「理由」「順序」「活用」などの思考が働き、学級全体で考えを共有する際には、「類似」「相違」「演繹」「帰納」などの思考も働いています。

図1　図形の面積の求め方の指導過程

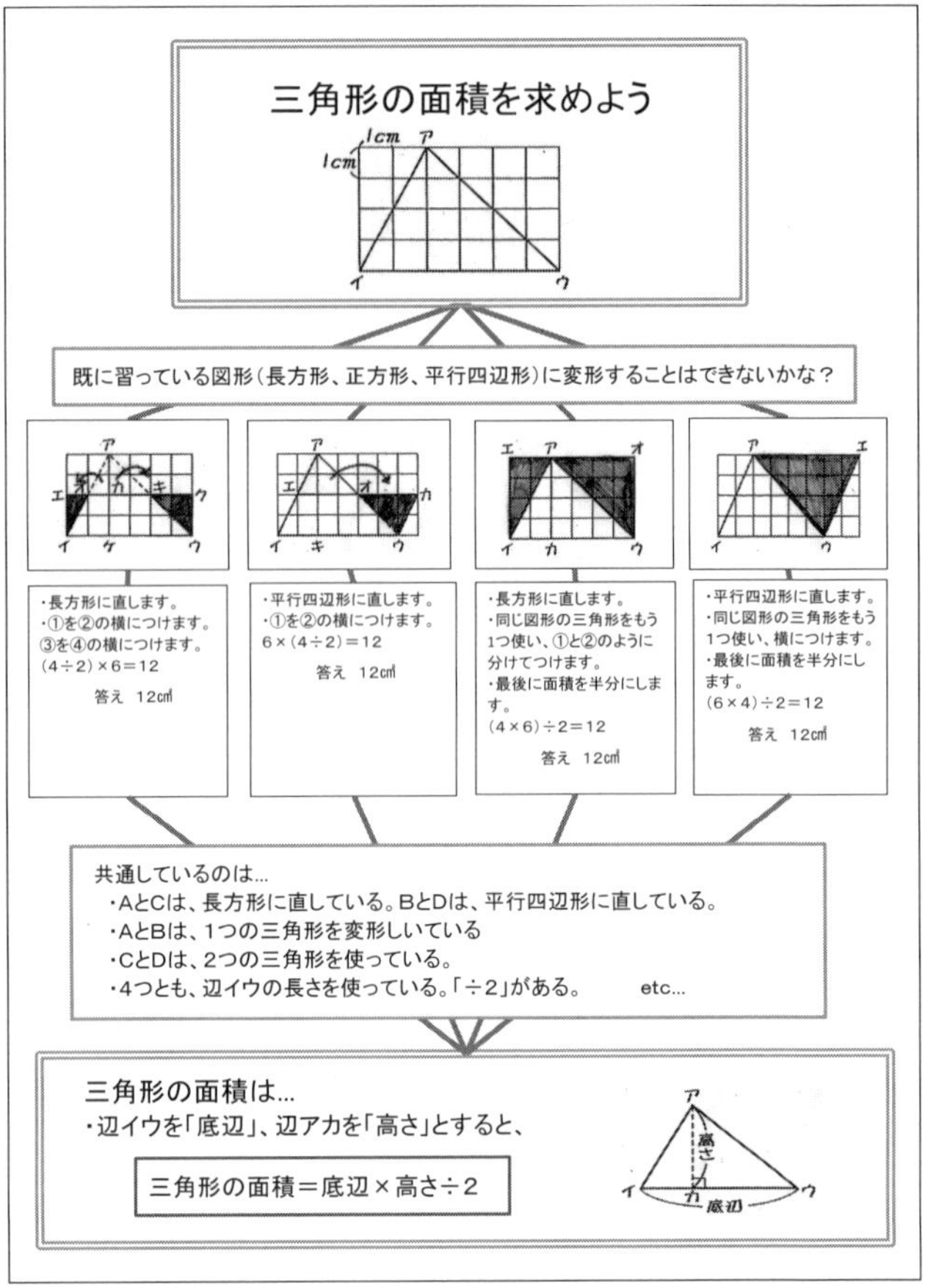

読解中心

活動中心

学習者の主体性について考えてみましょう。子どもたちが進んで学んでいたのは、第一に、課題が明確で、解けそうで解けない課題だったからです。心理学者のヴィゴツキーは「発達の最近接領域」と呼び、自力解決が不可能な領域と可能な領域の間に、他からの働きかけがあれば解決できる領域があることを述べています。いくつかの図形の求積を学んでいた子どもたちにとって、三角形の求積は、知らないけれど工夫すれば解けるかもしれない、最近接領域に適した課題だったといえます。

第二に、習得したことを活用する授業だったからです。「長方形」や「正方形」で学んだことを「平行四辺形」で活用する。「平行四辺形」で学んだことを「三角形」で活用する。このような習得・活用のプロセスによって見通しをもてたからこそ、意欲が高まったと考えます。

第三に、解決方法を自主選択・決定することができたことです。一つの三角形を変形してもよいし、二つの三角形を合わせてもよい。長方形に直してもよいし、平行四辺形に直してもよい。三角形にする方法は、自分なりでいいのです。好きなものを選んでいいという自由さがさらに意欲を高めました。

私は、この授業過程を、国語でもできないかと考えました。「かさこじぞう」で学んだことを「ごんぎつね」で活用する。「ごんぎつね」で学んだことを「大造じいさんとがん」で活用するというように。

実現するには、二つの条件をクリアしなければなりません。一つは、物語で何を教えるかを明確にすることです。もう一つは、異なる作品でも繰り返せる汎用的な学習活動を明確にすることです。このことを国語科で明らかにしたのが、筑波大学附属小学校で二四年勤務された二瓶弘行氏が提案する「自力読み」です。この理論をベースに授業改善に取り組んだところ、全校の読解力がぐんと向上しました。

最新・改訂版（2015年）

5·6年で獲得させたい「物語の読みの観点」

【基本4場面構成】

1前ばなし場面（=「設定」の部分）
<物語の大本の説明>

2出来事の展開場面（=「展開」の部分）

3クライマックス場面（=「山場」の部分）

4後ばなし場面（=「結末」の部分）
<変わったその後>

【クライマックス場面の読みの重要性】

○物語全体を通して、あること（≒中心人物）が最も大きく変わるところ

★物語全体を通して、いちばん大きく変わったものは、「何」だろう
★それは、「どのように」変わったのだろう
★それは、「どうして」変わったのだろう
◎物語の読みの中心（究極の話題・学習課題）

【ファンタジー物語の基本構成】

○「現実」ー「非現実」（「入り口」と「出口」）ー「現実」

【物語全体の「時」の設定】

○どのくらいの「時」にわたる出来事か
＊時代・年・季節・月・一日（朝・昼・夜）

【「場」と出来事の展開の対応】

○出来事の展開に応じた、人物の「場」の移動

【「人物」関係】
○「中心人物」の変容（「山場」場面における最も大きな変容）
○「中心人物」と「重要人物」の関わり（人物関係図）
○場面の展開に応じた、「中心人物」と「重要人物」の関わりの変容

【「人物」像】
○主な人物は、どんな人物か　＊行動・表情・会話に着目（心情・情景の描写）

【「人物」の心情】
●人物が感じたり、思ったり、考えたりする心の状態
○直接的な表現とともに人物の行動や会話などを通してそれとなく表現される。人物の心情は、他の人物やもの・こととの関わりの中で変わる

【「あらすじ」②】

○基本4場面の構成を踏まえた短い文章。特に、クライマックス場面における「あることの大きな変化」を中心にまとめる

【情景描写】

●「情景」ー風景や様子。登場人物の気持ちと一体として描かれる
○「人物の見たもの」「人物の聴いた音や声」「におい」「手振り」などが分かる言葉や文を見つけていくと、その情景が目に浮かぶ

【「物語の語り手」】

●「語り手」（話者）=物語全体を語り進める人（一人称・三人称視点）
○どの人物に寄り添い、だれの心の中を描きつつ物語を語り進めているか

【作品の心（主題）】

●「作品の心」=物語が自分に最も強く語りかけてきたこと
○物語の構成やあらすじ・中心人物の変容・題名の意味などを検討

●**【朗読】**=物語や詩等を、自分の感じたことや考えたことが表れるように声に出して読むこと
●**【語り】**=物語や詩を情景や心情等、想像したことが表れるように暗唱すること（視線・表情・間・声量）
●**【古文】**=古くから長い間親しまれてきた文章。現在では使われない言葉や文字も使われる
●**【伝記】**=ある人物の生き方や一生等について事実が書かれた文章

表1　小学校6年間で獲得させたい「物語の自力読みの観点」

	1・2年で獲得させたい「物語の読みの観点」	3・4年で獲得させたい「物語の読みの観点」
物語の構成	【いくつの「場面」からできている?】 ●「場面」=物語をつくる、小さなまとまり ○時(いつ)・場(どこ)・人物(だれ)の3観点から場面を分ける ★紙芝居にすると、何枚の絵が必要? 【いちばん大切な場面は、どの場面?】 ○あることが大きくガラリと変わる場面	【前ばなしの場面】 ○物語の大本になる「時・場・人物」の大きな説明の場面 ＊この物語には前ばなしの場面はある? 【「出来事の展開場面」の小さな場面構成】 ○展開場面はいくつの小さな場面でできている? 【後ばなしの場面】 ○「前ばなし場面」との対応 ○最も大きな変化のその後が描かれている
時の設定	【「時」の移り変わり】 ○場面ごとの「時」の把握 ○「時」を表す表現	【「時」の大きな設定】 ○物語作品全体の「時」の把握(前ばなし場面) ★いつの「時」の物語?
場の設定	【「場」の移り変わり】 ○場面ごとの「場」の把握 ○「場」を表す表現	【「場」の大きな設定】 ○物語作品全体の「場」の把握(前ばなし場面) ★世界・国・地方(海・山・村・街)
人物	【「人物」】 ●「人物」=人間。または、人間のように話したり考えたりする生き物やもの ＊出てくる人物は、だれ?(登場する順序) 【「人物」の気持ち】 ●「気持ち」=人物が心の中で思ったことや、感じたこと、考えたこと。	【「中心人物」と「重要人物」】 ●「中心人物」=物語全体で、気持ちやその変化がいちばん詳しく描かれる人物 ○中心人物の気持ちが、どこで、どのように、どうして、大きく変わったか ●「重要人物」=中心人物の変容に大きな影響を与える人物
あらすじ	【場面の短文化】 ○「だれ」が、「いつ」、「どこで」、「した・思った」	【「あらすじ」①】 ●「あらすじ」=物語の内容を短くまとめた文章 ○場面ごとに、なるべく短い「一文」で表現 ＊大切なこと(時・場・人物)を落とさずまとめる
表現	【「会話文」と「地の文」】 ●かぎかっこで示している人物の言葉を「会話文」といい、他のところを「地の文」という	【描写】 ●描写―物語の書き方の技の一つ。読み手が場面を生き生きと具体的にイメージできるように、人物の気持ちや行動、自然の事物などを見えたとおりに、また、感じたままに描くこと。
視点		【「だれの目・だれの立場から」】 ○どの人物の目から見たように、他の人物や出来事が描かれているか
主題		【感想】 ●文章を読んで、強く思ったり感じたりしたこと
重要な学習用語	●【お話】=物語 ●【作者】=お話をつくった人 ●【昔話】=昔の人たちの暮らしの中から生まれたお話	●【音読】=文章などを声に出して読むこと ＊声の大きさ・高さ、読む速さ、間のとり方 ●【暗唱】=物語等を覚えて声に出して表すこと ●【民話】=各地に長く語り伝えられてきたお話 ●【脚本】=人物の「せりふ」と場面の様子や人物の動作等を説明する「ト書き」で構成

4　全校で取り組んだ読解力向上プログラム

具体化・焦点化した指導内容

読解中心授業や活動中心授業の失敗は、教師が「物語の授業で教えること」を分かっていないことに起因しています。もちろんそれは学習指導要領や教科書の指導書に示されているのですが、それだけでははっきりしないのです。「国語授業で教えること」を明確に提案している二瓶氏は、自分の立場を次のように表現します。

「ごんぎつね」を教えるのではない。「ごんぎつね」で教えるのだ。

では、「ごんぎつね」で教えることとは何か。それが、表1「物語の自力読みの観点」です。「自力読みの観点」は、①物語の構成、②時の設定、③場の設定、④人物、⑤あらすじ、⑥表現、⑦視点、⑧主題の八つで構成されています。そして、それぞれの内容が、一・二年、三・四年、五・六年の三段階に系統的に示されています。本著で提案する読解力向上プログラムは、この内容を授業の目標に据えることで「何を教えればいいか分からない」という状況を乗り越えました。

汎用性のある学習活動

「自力読み」の過程は、教師の発問や指示がなくても、子どもが一人で文章を読み進めていけるようにつくられています。したがって、どの物語作品でも行える汎用的な学習活動で構成されています。二瓶氏の著書『海のいのち』全授業・全板書」に示されている「海のいのち」の単元構成は次のとおりです。

構造と内容の把握

第一時　初読の「作品の心」を表現する。

第二時　出来事の流れを大きく捉える（1）。

第三時　出来事の流れを大きく捉える（2）。

第四時　前ばなしを中心に設定をまとめる。

第五・六時　「作品の星座・客観編」の作成

・精査・解釈
・考えの形成
・共有

第七時　話題を設定する。

第八時　【重要話題1】太一が「無理やり」与吉じいさの弟子になった理由

第九時　【重要話題2】「海に帰りましたか」と、与吉じいさに両手を合わせる太一の気持ち

第十時　【重要話題3】「とうとう父の海にやってきたのだ」という太一の思い

第十一時　【重要話題4】太一が背負おうとしていた「母の悲しみ」とは何か

第十二・十三時　【中心話題】太一は何故、背の主を殺そうとしなかったのか

考えの形成

第十四時　自分の「作品の心」を短く表現し、解説文としてまとめる。

第十五・十六時　「作品の星座・作品の心編」の作成

初めて見る方は、十六時間たっぷりと読解活動を行っていることに驚いたことでしょう。同時に、最後

まで子どもたちが主体性に学んでいけるのかと疑問に感じたと思います。また、これを六年間系統的に行うことができたら読解力が高まることも感じていただけたと思います。私はここから主となる活動を五つ選び、「5STEP」(ファイブステップ)として職員と共有しました。次章で述べます。

ここで述べておきたいのは、まず単元が大きく二つで構成されているということです。前半は五・六時間目の「作品の星座・客観編」までです。作品の文章構成を客観的に分析する活動を行います。

後半は、後半の七時間目から十一時間目までの活動です。ここでは、子どもたちが自分で読み深めたい課題を考え、中でも多かったものを「重要話題」として学級全体で話し合います。自分の読みをつくり、最後に「作品の星座・作品の心編」を仕上げます。「作品の星座」とは一枚の白紙に学習したことをアウトプットしたものです。このように二瓶氏は、高学年になるに従って、子どもたちの読みで授業を組み立てる部分を増やしていきます。

全校で「自力読み」ベースの読解力向上プログラムを続けた結果

二〇一三年、研究主任だった私は、研究主題を自由に設定できる機会を得ました。子どもたちの読解力の低さが課題となっていたことから、職員と「自力読み」を基盤としたプログラムを作成しました(プログラムの内容や作成の経緯については4章で述べます)。それから三年間、特別支援教室を含めた二十学級、五百名の子どもたちと物語の読解授業を系統的に続けました。

表2は、その三年間の学力検査(教研式NRT学力検査)の推移です。この取組を始める前、国語の学力は全国平均水準に足りない状況でした。子どもたちの国語に対する意識も、学校アンケートで「とても好き・まあまあ好き・あまり好きではない・きらい」の四択から選ばせると、肯定的評価二つを合わせ割

表２　平成25～27年の数研式NRT学力検査結果

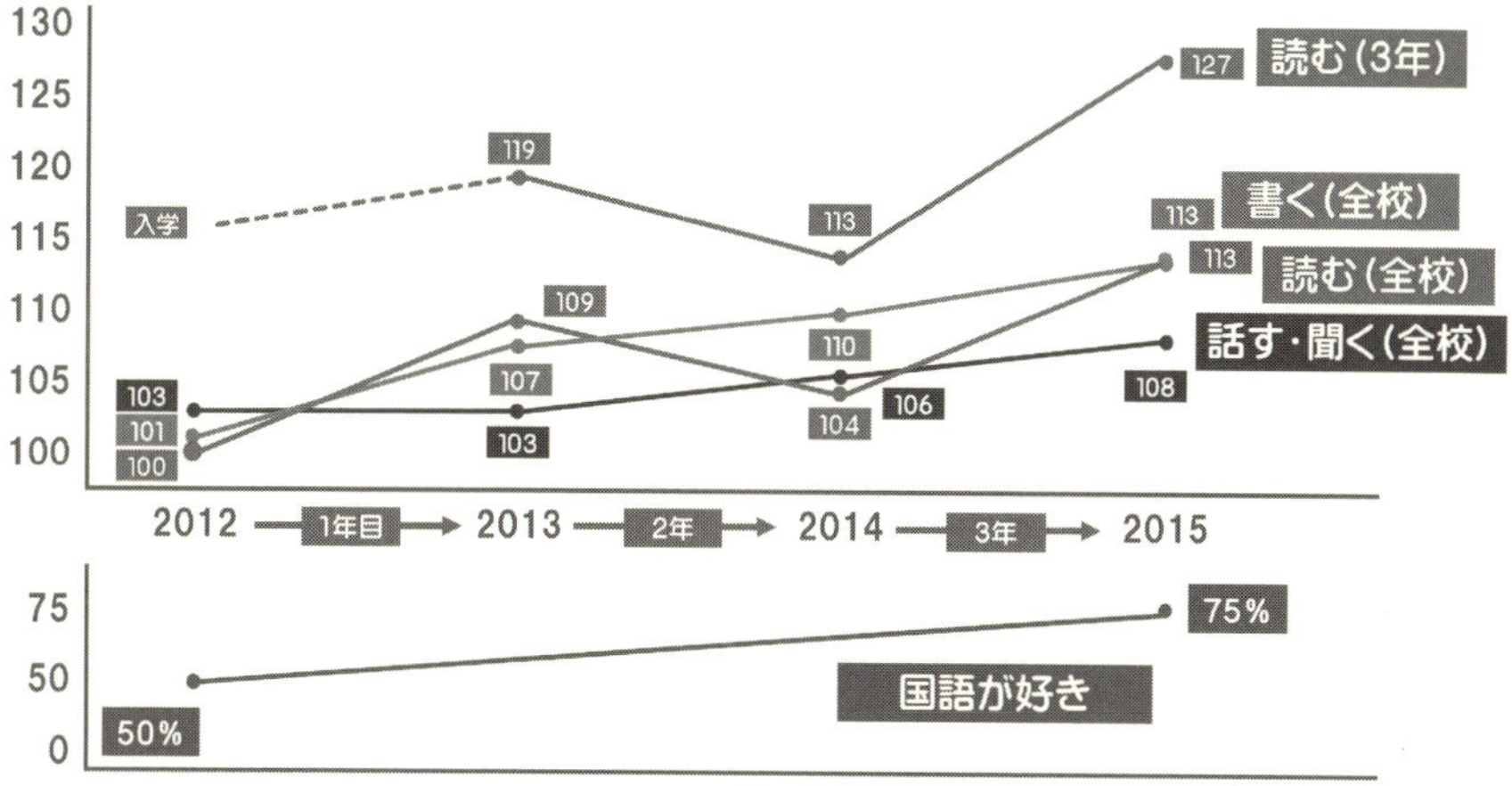

25年4月のNRTの結果

	2年	3年	4年	5年	6年	
話す聞く	111	99	96	109	103	103.6
書く	109	105	107	111	104	107.2
読む	119	108	101	106	113	109.4
言語事項	110	106	107	113	113	109.8
文学的文章	105	108	97	96	109	103

0

26年4月のNRTの結果

0

0

0

	2年	3年	4年	5年	6年	
話す聞く	105	104	110	101	108	105.6
書く	111	107	118	112	102	110
読む	101	113	100	102	104	104
言語事項	105	105	105	110	93	103.6
文学的文章	114	113	95	98	104	104.8

27年4月のNRTの結果

	2年	3年	4年	5年	6年	
話す聞く	105	107	119	101	109	108.2
書く	110	107	125	115	107	112.8
読む	120	105	127	104	108	112.8
言語事項	109	110	114	108	104	109
文学的文章	111	109	149	104	108	116.2

合は五〇％程度でした。国語の学力も意欲も低い状態でした。

取組一年目終了時、学力検査の文学的文章の問題の正答率が一〇三（読むことの領域全体は一〇九）と微かに上昇しました。二年目終了時は、一〇四（領域全体一〇四）となり、三年目終了時には一一六（領域全体一一二）にまで高まりました。入学時から自力読みで物語を学んできた三年生は一二七に達しました。併せて「国語が好き」と答えた割合も七五％まで伸びました。さらに興味深いのは、読むことの領域以外の数値も高まっていることです。

劇的な伸びとは言えませんが、力が付きにくいレベルの子どもたちをここまで高めることができたことから、二つのことに自信をもちました。一つは、自力読みという理論は、読解力と主体性を高めるということです。もう一つは、地方の公立学校でも、国語のプログラムを計画的・系統的に構成すれば、全校の読解力を高められるということです。

以下、第二章では自力読みの学習活動構成（５ＳＴＥＰ）について、第三章では読解力を支えたリーディング・スキルの内容について、第四章では読解力向上プログラムの内容について、第五章では子どもたちの主体性について述べていきます。

5 自力読みのベースにある二瓶氏の教育観

本論に入る前に、自力読みのベースにある二瓶氏の教育観について触れておきます。

私は最初の頃、二瓶氏の授業を「優秀な子が集まる学校の授業に一般性はあるのか」と疑いながら参観していました。当時子どもたちの多様性から学級経営に悩み、思うような授業ができていなかったことも関係しています。しかし間もなく、多くの人と同様に私も、その深い教材分析力と巧みな授業構成力、初対面の子どもたちをも惹きつける人間力から多くを学びました。

例えば、子どもの目線に立って国語の授業を考えるとき、根本的な問いが生まれます。それは、一人で読めばすぐに終わる作品を、なぜ学校では十時間もかけて読むのかということです。二瓶氏は、このことについて次のように答えています。

優れた物語作品は、たった一回きりの読書でも、読者である自分に感想を与えてくれる。それが、物語自体が持っている作品の力だ。面白かった、切なくなった、生きる勇気を感じた。人間っていいなと思った…。様々な読後の思いを優れた作品を読めばもつことができる。

生活の中での読書なら、それでいい。その感動をもとに新たな作品、たとえば同じジャンルの、たとえば同じ作者の作品に手を伸ばし、好きに読めばいい。

ただ、これだけは事実だ。繰り返し読むことによって、受け取る感想が確かに変わること。

一回きりの読書では、まだ読めていない言葉がある。まだつかめていない言葉と言葉のつながりがある。そのつながりを押さえることなくして読めない、きわめて重く深い言葉がある。

その言葉が見えたとき、それまで見えなかった人物の心情が読める。場面の情景が読める。物語全体を通して描かれている大きな変容がはっきりと分かる。

そして、そのとき、その物語作品は、読者である自分に何かを強く語りかけてくる。それは、初読でもつことのできた感想を遥かに超えるものだ。それが「作品の心」。

教室での授業で、あなたは、詳しく言葉を読むのだ。言葉と言葉のつながりを、言葉の隠された意味・重さを読み取るのだ。そうすることによって、物語から受け取る感想が確かに変わる。

そして、その感想の変容の過程こそが、物語を読むことの楽しさ、「面白さ」そのもの。

もう一つ、教室で一編の物語を詳しく読み返すことの意義がある。それは、ともに同じ物語を読み合う仲間がいることだ。「わたしはこんな読みをしたよ。あなたの読みを聞かせて」と、仲間と話し聞き合う。その集団での読みの過程で、自分とは異なる読みの存在があること、一人では見えなかったことがともに読むことによって見えてくることを知る。

そして、さらには、それぞれの「作品の心」を交流することで、その多様性と深さに気づく。

そんな体験こそが、みんなと物語を読む「面白さ」の学び。

だからだ。だからこそ、一編の短い物語をクラスみんなで詳しく読む意義があるのだ。


『夢の国語教室創造記』東洋館出版社、二〇〇六年

それまで見えなかった言葉と言葉のつながりが見えるようになるとは、どのような学びなのでしょうか。

低学年の読解作品である「かさこじぞう」を例に説明します。「かさこじぞう」は、皆さんもご存知のよ

うに、貧乏な老夫婦のところに、地蔵がかさをかぶせてくれたお礼にたくさんの食べ物を持ってくるという物語です。この作品の大きな変容をとらえる中心発問は、次のようになります。

どうして、じぞうさまたちは、モチなどをたくさん積んだそりを引いてやってきたの？

この発問を受け、学習者は「じいさまが、じぞうさまたちにやさしくしたから。その恩返し。」と答えます。「それは、どこから分かるの？」と本文に戻ると、子どもたちは「さかをかぶせて、むすんであげた」、「かきおとす」、「なでました」、「おらのでわりいが」、「つぎはぎの手ぬぐい」などの言葉を選びます。さらに、そのかさが特別であったことに触れると、家でかさを作っていた場面、声をはりあげて売っていた場面の言葉もつながります。最後に作品から受け取れるメッセージをつくると「やさしさの大切さ」の方向にまとまっていきます。大抵はここで終わります。問題ありません。しかし二瓶氏は次のように発問を続けます。

なんで、じぞうさまたちは、「ばさまのうちはどこだ」って、ばさまにも恩返しをするの？

じぞうさまの歌に「ばさまのうちはどこだ」とあったことを気に留めていなかった子どもたちは、「ばさまがしたこと」に関わる言葉を探します。すると「いやなかおひとつしないで」、「ええことしなすった」、「いろりに来て当たってくだされ」という言葉がつながり始めます。埋もれていた言葉が急に光り始める感じです。すると、じぞうさまは二人が思いやる姿にも感心していたと読み取ることができ、作品から

「思いやりの大切さ」という新しいメッセージを受け取ることができます。

このように、自分一人では気付けなかった言葉と言葉のつながりに気付くとき、物語を面白いと感じます。この面白さは、劇や音読発表会の面白さとは違います。作品の内容、登場人物の面白さとも違います。言うならば「繰り返し読む」ことの面白さです。この面白さを味わわせるには、物語の構造を調べ、作品の変容を捉える学習過程が必要で、四・五時間では終われません。そしてそれは、「同じ物語を読み合う仲間」がいる学級でこそ実現します。二瓶氏は「夢のクラス」で、理想とする学級を次のように語っています。

「夢」のクラス

そのクラスでは、だれもが読みたくてたまらない。一編の文章や作品に描かれた言葉を丁寧に検討し、言葉の意味、文章の要旨、作品の主題を自分らしく読み取り、自分の考えや読みの世界を確かにもつことに懸命になる。

そのクラスでは、だれもが書きたくてたまらない。自分という存在を言葉で書き表すことの喜びがわかり、書くことで自分らしさを確認でき、仲間に伝えられることを知っている。だから、必死で言葉を選び、構成を考え、表現を工夫する。

そのクラスでは、だれもが話したくてたまらない。ある話題について、自分の思いを言葉で表現しようと、だれもが適切な言葉を探すことに必死になる。思いを託せる言葉をもてたら、仲間に伝えようと懸命に挙手する。

そのクラスでは、だれもが仲間の考えを受け取りたくてたまらない。ある話題について仲間はどう考えるのか、自分の抱く思いと同じなのか違うのか、知りたくて仕方がない。だから仲間の発する言葉に必死に耳を傾ける。

そのクラスでは、言葉を媒介にして、思いを伝えあうことの重さをだれもが知っている。言葉は、「自分らしさ」を仲間に伝え、仲間の「その人らしさ」を受け取る重要な手段であることを、学級集団全員が「価値」として共有している。

そのクラスでは、言葉が、静かに生き生きと躍動している。

『夢の国語教室創造記』東洋館出版社、二〇〇六年

確かに二瓶学級の授業はこうでした。同じ教師として悔しくなるほど、どの子も夢中で話し、聞き、書き、読んでいました。授業という営みは知識や思考力だけでなく、同時に人間性も育てています。教育方法学の「教科における訓育」という概念は、人格の教育は教科外のみで行われるのではなく、国語や算数などの教科においても行われることを示しています。正しくないことを教わればそれに合った人格が育ってしまうように、間違いを強く否定される授業では間違いを嫌う心が養われてしまうように、授業者が意識しなくても授業に合った心が育ちます。とすれば、二瓶氏のように、あるべき授業は、あるべき学級と共にイメージしなければならないと強く感じます。

最後に、二瓶氏の著書『夢追う教室』には、筑波大附属小学校で勤務する前、公立学校に勤務していた頃に作成した学級だよりが載っています。ある一年間で発行した五〇〇号全てです。そこから、二瓶氏の学級経営を知ることができます。卒業を控えた二月に出した四二三号の内容です。

今、てだのふあたちの、2月7日、8日の日記を読んでいました。何人かが、「バカになりたい」と決意表明しています。7日の放課後、リーダー会議で話したことをもう一度、ここに述べます。〝他人にみっともないと思われるほど、一生懸命に　生きなさい〟

おととしの今頃、筑波大学附属小学校の研究会に参加しました。何百人かの全国から集った先生方で、シンポジウムがありました。そのとき、「発言したい人？」と、司会者が聞きました。

センセイは言いたいことがありました。けれど、言えませんでした。手を挙げられませんでした。そのことが、イヤな思い出として、忘れることができません。昨年、再び、同じ研究会に出かけました。自分の金で、徹夜で東京まで車をとばして。また、一言も発言する機会がありませんでした。しかし、おととしのあのはずかしい思いをして以来、どこの研究会へ行っても、言いたいことは述べようとしてきました。センセイの自分自身への挑戦でした。

今日、A小にM町の先生方が全員集まって、研究会がありました。センセイは、5年の国語の授業に参加しました。協議会で、司会者の先生が、発言を求められました。まっ先に手を挙げました。そのあとも、手を挙げました。3回目、少し、みっともないと思いました。ほかの先生方が手を挙げないのに、自分ばっかり手を挙げて…。「アイツ、バカか」と思われるんではと。「めだちたがりやめ。」と思われるんではと。

けれど、そんなことは、ちっぽけなことです。どうでもいいことです。人にみっともないと思われようと、オレは今、研修会に来ており、だまっていてはわからないことがあり、自分のために手を挙げ、意見を言うのだ。センセイは、一生懸命に、バカになった。

今年もまた、筑波大学附属小学校の研修会へ、徹夜で車をとばして参加します。

今年こそ、自分の考えを述べてくるつもりです。センセイの挑戦。
てだのふあたちへ。
センセイはみんなと同じ、弱い心をもった人間です。
でも、このまま、年をふやしていきたくない。みんなと同じように大きくなりたい。
そのために、みっともないほど、一生懸命、生きてみよう。

『夢追う教室—太陽の子と歩んだ日々』文溪堂、二〇一七年

子どもたちと交換日記をしている姿、子どもたちの目線に立って分かりやすい言葉で熱く呼びかけている姿、自らの授業力を高めるために遠くの研究会に参加する姿、発言できない自分を「みんなと同じ、弱い心をもった人間」として自己開示する姿、学級を自治的集団に高めるために「リーダー会議」を行っている姿、私は教師として多くのことを学びます。二瓶氏は、国語の授業を通して、学級を通して、子どもたちに「生きる力」を育てようとしています。それを数値学力も含めた「読解力」という側面から取り上げることにためらいを感じつつ、しかし、この視点から「自力読み」を整理した方が今日求められている授業を明快に提言できると考えています。

第2章

読解力を高める物語授業の5STEP

1 読解力を高める物語授業の５ＳＴＥＰ

自力読みでは、異なる作品でも同じ読解活動が行われます。その中から、主となる五つをピックアップし、読解力向上プログラムの単元構成として共有しました。その活動とは、場面分け、基本四場面の捉え、あらすじまとめ、クライマックス場面の読み取り、作品の心の創作です。この五つには順序性があります。ここではＳＴＥＰ①からＳＴＥＰ⑤とナンバリングし、物語の読解授業の５ＳＴＥＰ（ファイブステップ）と呼ぶことにします。

図２　物語の読解授業の５STEP

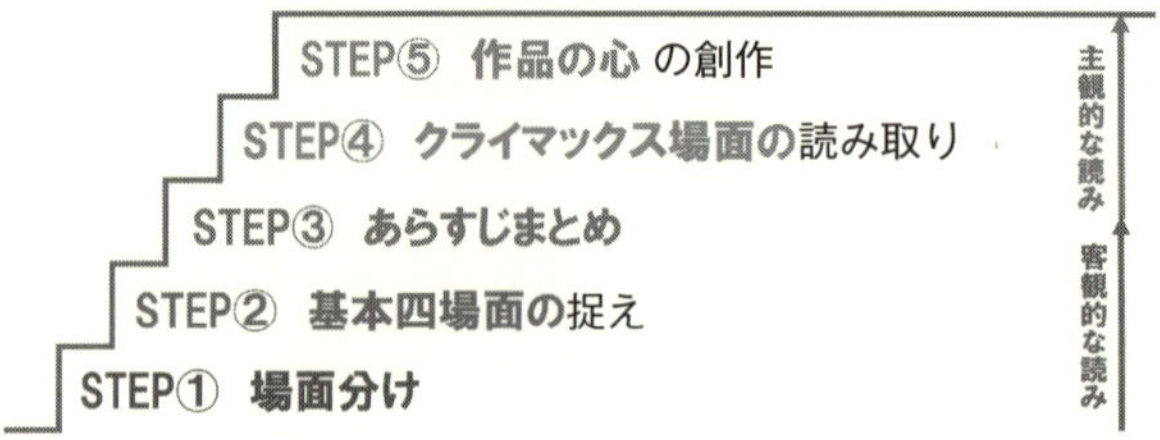

５ＳＴＥＰは大きく二つに分かれます。一つはＳＴＥＰ①から③までです。ここでは、作品の構造を明らかにする活動（客観的な読み）を行います。もう一つは、ＳＴＥＰ④と⑤で、作品に対する自分の思いをまとめる活動（主観的な読み）を行います。

ＳＴＥＰ①から③の客観的な読みの活動は、読解力を高める極めて効果的な活動であるにもかかわらず、教科書で扱われることが少ないため、多くの教室では行われていません。一方、ＳＴＥＰ④と⑤の主観的な読みは、「作品の感想を書く」などとしてよく行われます。ただそれは、ＳＴＥＰ①～③のように作品の構造を調べた上で行うか、サラッと読んだだけで行うかでは、感想の内容に大きな差があります。二瓶氏が「『心に一番強く残ったこと』という主観的な読みが、客観的な読みに基づいていなければ、それは単なる『思いつきのおしゃべり』にすぎない」と述べているところです。各ＳＴＥＰの内容を「かさこじぞう」を使って具体的に述べてみます。

STEP① 場面分け

教科書の指導書で読解指導を行っている先生方にとって、物語の「場面」とは、既に決まっているものでしょう。したがって当たり前のように、「○ページの◇行目から新しい場面とします」と子どもたちに提示します。しかし、子どもたちは「なぜそこで場面が変わるのか」ということがはっきり分かりません。読解力と主体性を伸ばす絶好の機会を逃すのはたいへんもったいないことです。（関連第3章2、第5章）「自力読み」では、この「場面分け」を、次の定義を子どもたちと共有しながら、上の活動を一緒に行います。

STEP① 場面分け

まず、時・場・人物に関わる言葉を見つけます。そして、時、場、人物の3要素のうち、いずれかが（またはいくつかが）大きく変わるところから新しい場面とします。どこで区切るかを話し合うことで、物語のイメージが鮮明になっていきます。

定義（道具）

・時、場、人物が大きく変わるところで、場面を区切る。

〈定義1〉　時（いつ）、場（どこ）、人物（だれ）が大きく変わるところで、場面を変える

T　お話の「場面」とは、紙芝居の一枚の絵と同じようなものです。だから、そのお話の紙芝居を作るとしたら、何枚の絵になるのかを考えることは、そのお話がいくつの場面からできているのかを考えることと同じです。さて、「かさこじぞう」の場面①の終わりはどこだろう。

S　「たいそうびんぼうで、その日その日をやっとくらしておりました。」だと思う。

T「いつ・どこ・だれ」の何が変わったから?

S いつ。「ある年の大みそか」って書いてある。「むかし、むかし」から変わった。

T 場面③はどこから始まるだろう。理由は?

S「町には大年の市が立っていて」から場面③。場所が家から町に変わっているから。

このようにして、「かさこじぞう」を七つの場面に分けます。(関連41P)

場面①の一文目　むかし、むかしあるところに、じいさまとばあさまがありましたと。

場面②時の変化　ある年の大みそか、じいさまはためいきをついて言いました。

場面③場の変化　町には大年の市が立っていて、正月買いもんの人で大にぎわいでした。

場面④場の変化　じいさまは、とんぼりとんぼり町に出て、村の外れの野っ原まで来ました。

場面⑤場の変化　「ばあさま、ばあさま、今かえった。」

場面⑥時の変化　すると、真夜中ごろ、そりを引くかけ声がしてきました。

場面⑦時の変化　じいさまとばあさまは、よいお正月をむかえることができましたと。

この場面分けは、定義が簡単なので、学年を問わず、子どもたちが大好きな活動です。ただ、子どもたちに全てを委ねると、ちょっとした三要素(時・場・人物)の変化も数えてしまい場面数が多くなり、一つの考えにまとめるのが大変です。一時間に収めたいときは、「八つに分けるとしたら、どこで分ける?」、「センセイは、プリントのように七つに分けました。それぞれの理由は何だと思う?」、「七つから九つの間で分けてみよう」など数を限定して提示することが有効です。

STEP②　基本四場面のとらえ

物語全体の構成をとらえることが目的です。物語は、文章全体が、典型的な構成として「設定・展開・山場・結末」の4つに分類されます。ここでは、①前ばなし場面、②出来事の展開場面、③クライマックス場面、④後ばなし場面に分けます。

定義（道具）

①【前ばなし場面】　物語全体のおおもとが説明がされる場面
②【出来事の展開場面】　出来事が展開していく場面
③【クライマックス場面】　あることが最も大きく変わる場面
④【後ばなし場面】　最も大きな変化のその後が描かれる場面

ＳＴＥＰ②では、子どもたちに物語の文章構成の基本形を教えます。

私は最初、物語読解単元で文章構成を教えることに戸惑いがありました。なぜなら、それまで文章構成の指導と言えば、説明文や意見文で「はじめ（序論）・なか（本論）・おわり（結論）」という三部構成を教えるときぐらいだったからです。全国の先生方と話していると、この実態は割と一般的であるようです。

文学作品における構造の指導は、すでに多くの研究者によって実践や理論が積まれています。その一人である大西忠治氏は、**三読法**として、読みの指導を「構造読み→形象読み→主題読み」という三段階で行うことを提唱しています。[2] 第一段階の**「構造読み」**では、文学作品の構造を起承転結の四段階で捉えることが妥当であるとし、導入部・展開部・山場の部・終結部の四つに分けています。そして実践上の課題として、各要素の規定が不明瞭であること、小学校における四構成の作品がはっきりしていないことなどを挙げています。さて、三読法と同じく、文章構成を四つの部分から捉える「自力読み」は、それぞれを次のように定義し、子どもたちと共有します。

〈定義2〉

【前ばなし場面】　物語全体のおおもとになる「時・場・人物・状況」の説明がされる場面

【出来事の展開場面】　出来事が、クライマックス場面に向けて展開していく場面

【クライマックス場面】　あることが最も大きく変わる場面

【後ばなし場面】　最も大きな変化のその後が描かれる場面

二瓶氏は、作品のクライマックスが含まれる山場を **【クライマックス場面】** とし、「**あること〈多くの場合は中心人物の心〉が最も大きく変わるところ**」と定義します。「かさこじぞう」であれば、じぞうさまがそりを引いてきた場面ですし、「スイミー」であれば、スイミーたちが大きな魚を追い出す場面です。このように、「大きな変容」のほとんどは、登場人物の心情ですが、そうではない場合もあります。例えば、「ちいちゃんのかげおくり」は、ちいちゃんを取り巻く環境が変容したことになります。齋藤隆介の「半日村」や「ソメコとオニ」も、中心人物の心情は最後まで一貫しているのですが、周りの様子や人物がガラリと変わっています。

このSTEP②は、主に中学年から行います。やり取りを簡単に示すと、次のようになります。

T　おおもとになる設定が示してある場面を前ばなしと言います。

S　むかしむかし。あるところ。じさまとばさま。

Ｔ　七つの場面はただ順番に並んでいるのではなく、七つの場面のどれかが最も大切な場面です。あることが大きく変わる場面をクライマックス場面と言います。この物語で最も大きく変わったのは何場面だろう。

Ｓ　じぞうさまがきた場面⑥だと思う。

突然ですが、私はロックバンドのブルーハーツが好きです。ボーカルにあやかって長男の名前を付けたぐらいです。音楽を聴いているとき、何となく「イントロかっこいい」とか「サビがいい」と感じることがあります。「Ａメロがいい、Ｂメロがいい」とか「もうすぐサビが来るぞ」など曲の構成を意識して聴くことは、アーティストの巧みさをより深く味わっているといえます。これに対して「音楽を楽しめていない」と批判する人はいないでしょう。

◆「かさこじぞう」の基本四場面

場面①【前ばなし場面】
場面②【出来事の展開場面】
場面③【出来事の展開場面】
場面④【出来事の展開場面】
場面⑤【出来事の展開場面】
場面⑥【クライマックス場面】
場面⑦【後ばなし場面】

同様に、物語の基本構成を繰り返し学んだ子は、いずれ一人で物語を読むとき、「今、場面が変わった！」「今は、物語の設定を述べている」「あれ、設定がないまま話が進んでいくぞ」「この弱い中心人物は、何をきっかけに強くなるのかな」「クライマックス場面で何が起こるの」と物語の少し先を予想して読むようになります。実際そうでした。これに対して「物語の基本構成を教えることは、子どもたちの自然な読みを奪っている」という意見は的外れです。音楽を聞きながら「もうすぐサビがくるぞ」とワクワクしたように、本を読みながらライブで物語の構成を感じられるようになれば、「もうすぐ何かが大きく変わるぞ」とワクワクしながら本を読むようになります。読解力の観点から述べれば、学力検査で初読の作品と出合っても正しく豊かに物語の世界に入っていけたのは、場面のまとまりを意識して読めたからです。物語の世界を楽しみながら、もう一つの目で作品を俯瞰できるようなると、大量のデータに埋もれない、情報を精査する力が付きます。

ところで、読んでいる作品が、前ばなし場面（設定）・出来事の展開場面（展開）・クライマックス場面（山場）・後ばなし場面（結末）の四つの場面構成に当てはまらない場合もあります。前ばなし場面がない「お手紙」であったり、後ばなし場面が描かれていない「ごんぎつね」であったり、「注文の多い料理店」のように現実・非現実・現実の三場面構成であるように。しかし典型を学んでおけば、非典型の面白さが一層際立って感じられます。

STEP③ あらすじまとめ

出来事の大きな流れをつかむ段階〔客観的な読みの段階〕のまとめとして、一つの場面の内容を１文で表現します。この活動を通して、出来事の流れをはっきりと共通理解します。時・場・人物に関わる大切な言葉を見つけ、つなげ、要約することで、書く力が高まります。

定義（道具）

①それぞれの場面を「時・場・人物（したこと・思ったこと）」に関わる大切な言葉を落とさずに、なるべく短い一文にまとめる。（クラスマックス場面は二文でも可）
②それぞれの場面の一文を合わせて文章（あらすじ）にする。

ＳＴＥＰ①と②で、子どもたちの思考は作品全体を二往復しています。しかし、小学校中学年や高学年の子どもたちにとっては、まだ流れがぼんやりとしか理解できていません。そこで「自力読み」では、次の定義に従ってあらすじをまとめ、出来事の流れの理解をより確かなものにします。

〈定義３〉
① それぞれの場面を「時・場・人物（したこと・思ったこと）」に関わる大切な言葉を落とさずに、なるべく短い一文にまとめる。（クラスマックス場面は二文でもよい）
② それぞれの場面の一文を合わせて文章（あらすじ）にする。

このＳＴＥＰ③では、ＳＴＥＰ①で分けた場面ごとに、その内容を一文で表現し、それらを合わせて「あらすじ」とします。つまり、「自力読み」におけるあらすじは、場面数分の文で構成されています。「かさこじぞう」の場面①ならば、次のように一文化されます。

【場面①の原文】

・むかしむかし、あるところに、じいさまとばあさまがありました。たいそうびんぼうで、その日その日をやっとくらしておりました。

【場面①のあらすじ】

・むかしむかし、あるところに、たいそうびんぼうなじいさまとばあさまがいた。

場面①の一文目から、その場面の「時、場、人物」に関わる言葉を抜き出し、二文目からは、じいさまとばあさまのくらしに関わる言葉として「たいそうびんぼう」を抜き出します。さらに文字数を減らすため、敬体の文章を常体に直します。

場面②は、じいさまとばあさまが大晦日なのに食べ物がないことを困る場面です。さらにかさこを作って売ることを考え、実際に作ります。この場面は十以上の文で構成されていて、会話文も含まれています。困っているじいさまの様子も入れたいし、ばあさまがかさこを作ることを思いついた様子も入れたくなります。せっせとかさを編んでいる様子もそうです。これをたったの一文にするのは、どの言葉を使うかの取捨選択が高度です。しかし、**文の主語を中心人物（主人公）にすること**、**時や場に関わる言葉を入れること**などに留意すれば、あとは「入れておくべき言葉」を子どもたちと、「この言葉入れようよ。だって…」、「この言葉いらないよ。だって…」と話し合いながら加えていくようにします。

場面①【前ばなし場面】
むかしむかし、あるところに、たいそうびんぼうなじいさまとばあさまがいた。

場面②【出来事の展開場面】
ある年の大みそか、じいさまは、正月のもちなどを買うために、ばあさまとすげがさを作って、町に売りに出かけた。

場面③【出来事の展開場面】
大年の市で、じいさまは日がくれるまで、かさを売ろうとするが、売れずにかえる。

場面④【出来事の展開場面】
村の外れの野っ原で、じいさまは、ひどいふぶきの中に立っている六人のじぞうさまと出会い、かさと手ぬぐいをかぶせてあげた。

場面⑤【出来事の展開場面】
家にかえったじいさまがじぞうさまにかさをあげたことを話すと、ばあさまは「ええことしなすった」と言い、二人はもちつきのまねごとをしてねむった。

場面⑥【クライマックス場面】
真夜中ごろ、じぞうさまがそりを引いてやってきて、じいさまとばあさまのうちに、もちなどをとどけた。

場面⑦【後ばなし場面】
じいさまとばあさまは、よいお正月をむかえることができた。

STEP④ クライマックス場面の読み取り
STEP⑤ 作品の心の創作

STEP④ クライマックス場面の3つの問い
STEP⑤ 作品の心

クライマックス場面を中心に、「この物語では、『何が、どのように、どうして』変わったのか」という問いをもとに詳しく読み返します。その過程で、作品が読者である自分に強く語りかけてくることを「作品の心」と呼びます。

STEP④の定義(道具)

①最も大きく変わったことは、①何?②どのように?③どうして?

STEP⑤の定義(道具)

作品が強く語りかけてきたことを自分の言葉で短く表現する。

STEP①~③を通して、子どもたちは、作品を三往復しています。物語の構造が明らかになり、どこにどの言葉があるのか、大体つかめた状態です。後半のSTEP④と⑤で行うことは、簡単にいえば、感想を書く活動です。物語の読解においては「主題を捉える」という活動とつながります。二瓶氏は主題について次のように述べます。

確かに多くの作品には作者の意図が込められています。作者自身の人生観、理想、思想を言葉にして表現したものが文学作品です。けれども、読者は「言葉」を通してのみ、作品と対面します。言葉で描かれた世界を自分の力で解釈し、イメージし、自分なりの作品の想像世界を新たに創造します。

そして、その過程で文学的感動体験とともに作品から「何か」を受け取ります。その「何か」とは、その読者のそれまでの人生に密接に関連する、読者一人ひとりに固有なものであるはずです。その「何か」こそ、「主題」であるのです。

この「主題は、読者の側にある」という主題論に深く首肯するわたしの国語教室では「作品が読者である自分に最も強く語りかけてきたこと」を定義して、「作品の心」という用語を使っているのです。「主題」の用語を使わないのは、いまだに二つの主題論があるため、混同を避けるねらいがあります。

『物語授業づくり入門編』文溪堂、二〇一三年

では、その「主題＝作品の心」を授業でどう扱うか。多くの学級では、単元や授業の終末に作品に対する感想を書かせます。子どもたちは、それまでの学びを思い出しながら、心に残った場面を取り上げ、自分が思ったことを加えます。そこには少なからず「主題」が含まれています。この感想で十分だとすれば、授業で「最後に作品に対する感想を書きましょう」という課題を提示することで済みます。しかし「自力読み」では、高学年において、クライマックス場面の読み取りと連動させながら、主題を考えていきます。作品の文章構造と関連させて主題を読み取ることを述べる大西氏は、その理由を次のように述べます。

とくに、作品の山場は、それが濃密に語られ、その一文一文・一語一語が他の部分よりもはるかに強く主題を支えてくるようになることも必然的である。とくにクライマックスにおいては、それが最も強くなる筈である。だから、主題読みは、まず主として山場の部の読みにおいての中心的な問題になってくる。もちろん、導入部も展開部もそれなりに主題を指向し、主題を語り支えてはいる。しかし、その濃密さの程度において山場の部とは比較にならないのである。

物語の主題にはこのような特徴があるとして、では小学生の子どもたちにどう発問して主題まで導いて

いくかという実践上の問題があります。二瓶氏は、クライマックス場面を読み取る際の発問を次のように定義し、主題までの道筋を子どもたちに見せ、一緒に考えます。

【定義4】 ①最も大きく変わったこと何か。②どのように変わったか。③どうして変わったか。

クライマックス場面を中心に、「この物語では、『何が、どのように、どうして』変わったのか」という問いをもとに詳しく読み返します。「かさこじぞう」ならば、次のようになります。

①最も大きく変わったこと　じいさまとばあさまの生活

②どのように変わったか　食べるものがないほど貧乏だったが、米のもちやみそだる、おかざりのまつなどをもらい、よいお正月をむかえることができた。

③どうして変わったのか　じいさまが、じぞうさまにやさしくしたから。

三つの中でも、三番目の「どうして変わったのか」が重要です。物語の大きな変容を考える発問だからです。これを考える過程で、作品が自分に語りかけてきたことを「作品の心」（主題）とし、次の定義に従って創作します。

【定義5】 作品が強く語りかけてきたことを自分の言葉で短く表現する。

この連動したSTEP④とSTEP⑤の活動は、一つの授業の中でどう行われるのでしょうか。また表層的な感想で終わる学習とどう違うのでしょうか。ここが、読解力向上プログラムを実践しながら最も難しかったところであり大切なところでした。ポイントは、「作品の心」（主題）は、最終的に一人一人が異なっていいのですが、教師は受け取れる「作品の心」の方向性は示さなければならないということです。それは、子どもたちが気付けていない「言葉と言葉のつながり」に目が向くような問いをつくり、並べるという作業になります。そのことを「かさこじぞう」におけるSTEP④⑤を見ながら説明します。「かさこじぞう」は、問いの構成によって、三層の異なる「作品の心」を味わうことができます。

【問い①】どうして、じぞうさまたちは、モチなどをたくさん積んだそりを引いてやってきたの。

この問いは、STEP④の三つ目「どうして変わったのか」という問いを分かりやすくしたものだと考えてください。子どもたちは、すぐに「じいさまが、じぞうさまたちにやさしくしたから」と答えます。次に「それは、どこから分かるの？」と作品の言葉に戻ります。子どもたちは、場面④に注目します。そこから「かさをかぶせて、むすんであげた」、「かきおとす」、「なでました」、「おらのでわりいが」、「つぎはぎの手ぬぐい」など、じいさまのやさしさが読み取れる言葉を見つけます。

これは「じさまのやさしさ」というテーマに沿って、それまでちらばっていた言葉と言葉がつながっていったと捉えることができます。さらに、声をはりあげて売っていた場面③、残っているすげで作った場面②にもつながる言葉があります。ここで、「作品の心」を考えさせれば、「やさしさの大切さ」や「やさしいことは、よいことにつながる」などが見られます。ただ、他の言葉と言葉のつながりに気付かせると、違う「作品の心」と出会わせることができます。

【問い②】なんで、じぞうさまは、「ばさまのうちはどこだ」って、ばあさまにも恩返しをするの。

この問いを受けて、ばあさまが登場する場面⑤に意識が向きます。子どもたちは「いやなかおひとつしないで」「ええことしなすった」「いろりに来て当たってくだされ」という言葉に気付き、つなげていきます。すると、「じいさまとばあさまのやさしさ」「助け合うこと」「いたわり合うことの大切さ」という新しい作品の心を受け取れます。これは、問い①では気付けなかったことです。さらに、問い③によって、新しい言葉と言葉のつながりを見せます。

【問い③】じいさまとばあさまの「やさしさ」への恩返しだけなのかな。

この問いには、すぐに答えられないでしょう。しかし場面⑥に目を向けると、気付く子どもたちが出てきます。二人の明るさです。大晦日の晩に「つけな」以外に食べるものがないのに、二人はくよくよしていません。それどころか二人でもちつきのまねごとを始めます。「いろりのふちをたたき」、「ほほとわらって」の言葉もつなげると、ここから「どんな苦しくても明るく生きること」、「どんなにつらくても、元気を出すこと」などの作品の心を受け取れます。

図３　クライマックス場面から「作品の心」へ向かう授業の構想
～いわさききょうこ「かさこじぞう」～

	前ばなし	出来事の展開				クライマックス	後ばなし
	第1場面	第2場面	第3場面	第4場面	第5場面	第6場面	第7場面
気付かせたい言葉	・たいそうびんぼうで、その日その日をやっとくらしていました	・何もありません ・せっせとすげがさをあみました	・声をはりあげました ・ばあさまはがっかりするじゃろうのう	・雪をかきおとしました。 ・かさをかぶせる ・つぎはぎの手ぬぐい	・ええことしなすった ・もちつきのまねごと ・つけなかみかみ	・じさまのうちはどこだ ・ばさまのうちはどこだ	・よいお正月をむかえることができました

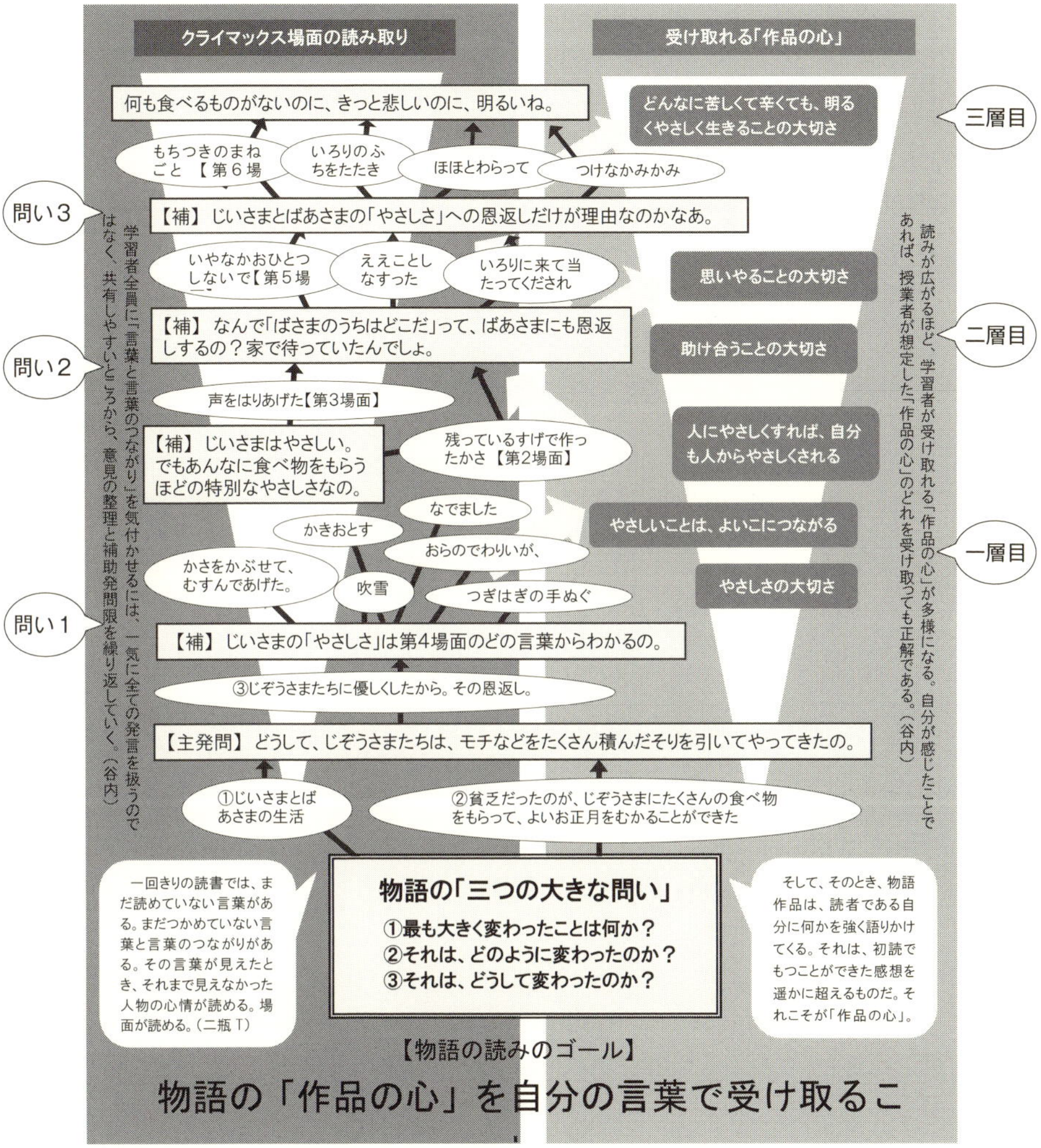

このように、ＳＴＥＰ④とＳＴＥＰ⑤が連動した授業は、**気付きやすいものから気付きにくいものへ、受け取りやすいものから受け取りにくいものへと上っていきます。**この階層を通過させず、単に「感想を書きましょう」と指示を出せば、「やさしさは大切」というメッセージしか受け取れません。階層を通れば、「助け合うことの大切さ」や「苦しいときでも明るく生きること」というメッセージも受け取れます。

こう考えると、今日の授業で求められている「深さ」とは、気付きやすいものから、教師の導きを借りながら気付きにくいものへと進んでいく過程のことと考えられます。

2　ＳＴＥＰ①②③とＳＴＥＰ④⑤の授業過程の違い

ＳＴＥＰ①②③は、物語の構造や内容を明らかにする「客観的な読み」の段階です。この段階の授業は一つの拡散＝収束でできています。一つの大きな発問から複数の考え方に広がり、次に、ある視点から整理したりまとめたりすることで収束していきます。ＳＴＥＰ①場面分けの授業であれば、子どもたちは定義を使って、自分なりに作品を六つの場面、または七つの場面、八つの場面に分けます。そして対話を通して妥当な一つに決めます。こうして学級で共有する読みの土台をつくります。場面の区切り方が一人一人異なっていては対話が成立しません。

ＳＴＥＰ④⑤は、物語の変容を調べながら主題をまとめる「主観的な読み」の段階になります。ここでは最終的に一人一人の「作品の心」が異なるので、授業は拡散＝収束のスタイルになりません。だからといってオープンエンドの授業だと捉えてしまうと、先に示した問い①、問い②、問い③のやり取りが説明できません。私は、ＳＴＥＰ④⑤の授業には、複数の拡散＝収束があり、その度に異なる「作品の心」が受け取れると考えるようにしています。

図４　STEP①②③の授業過程

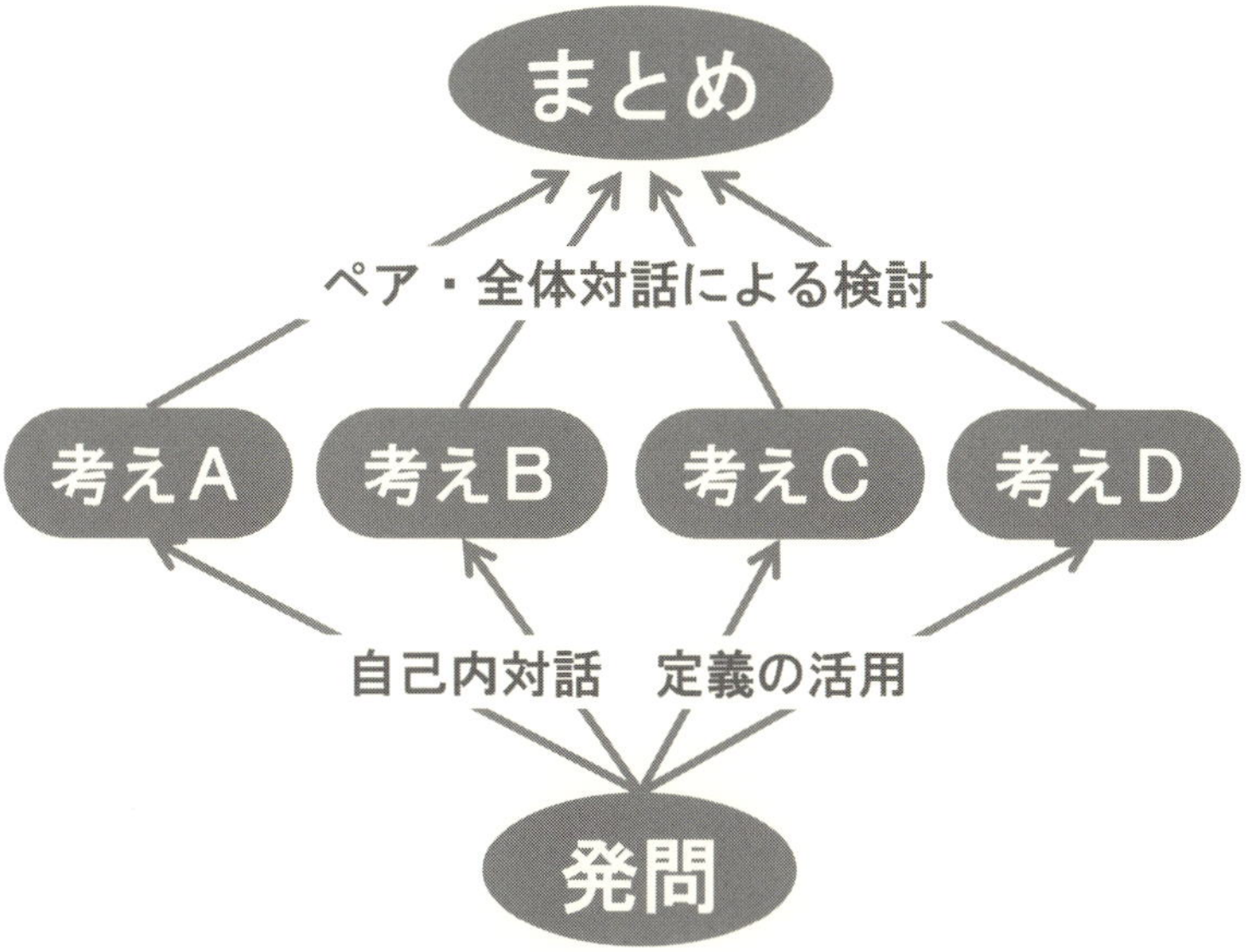

図５　ステップ④⑤の授業過程

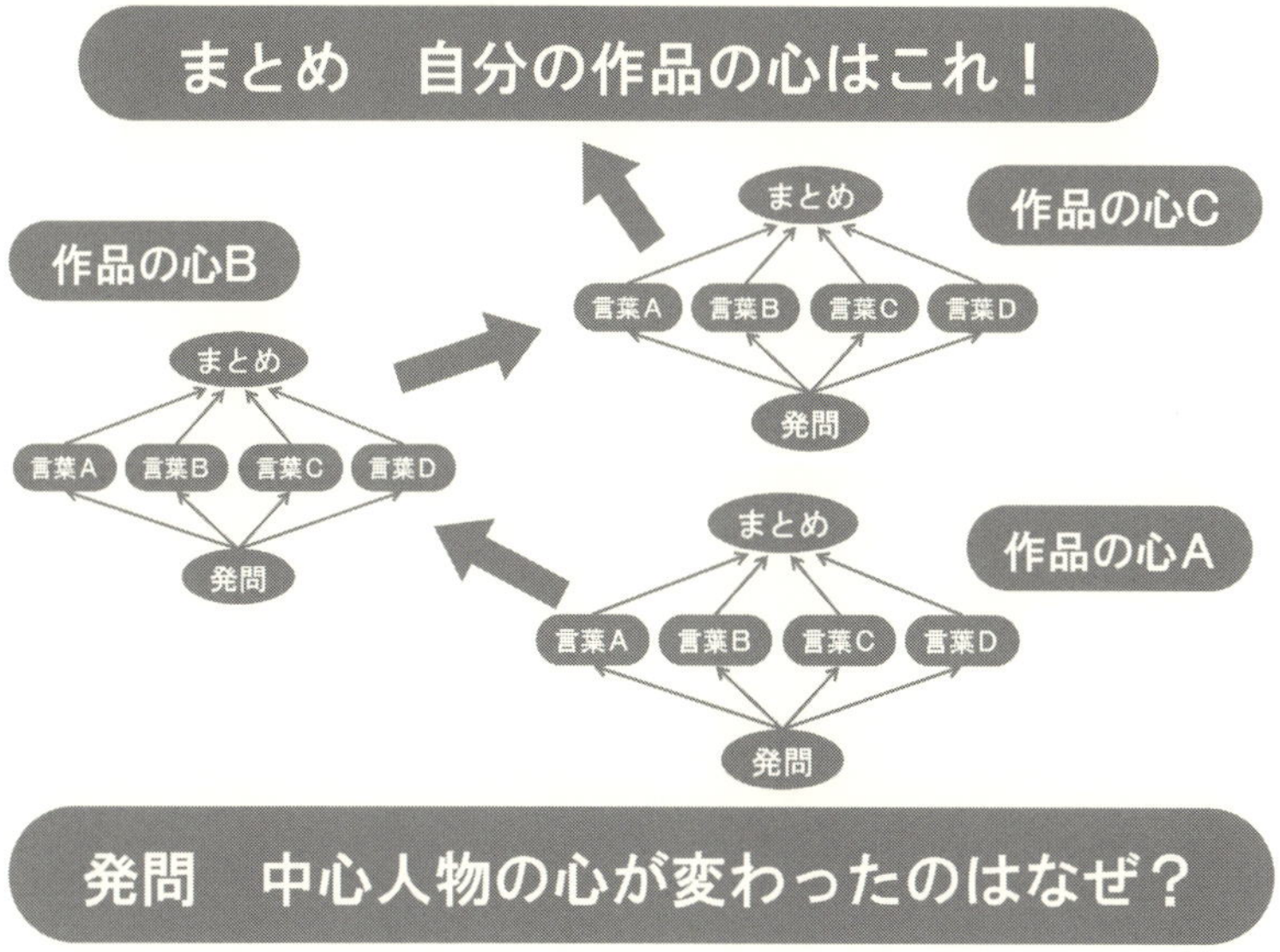

3 ファンタジー作品の授業構成

ファンタジーに魅了されるのは子どもだけではありません。大人も、動物が人間のように話したり、普通の人間が魔法を使えたりするディズニーやハリーポッターのような不思議な世界が大好きです。想像する力がある人間は、日常世界を離れて非現実の世界を楽しむことができます。

ファンタジーの物語には、場や時や人物に非現実的要素が加わり、**「現実→非現実→現実」**という三つの部分になっている作品があります。宮崎駿の「千と千尋の神隠し」のように、現実世界から非現実世界に入り、最後に現実世界に戻ってくる作品です。教科書に出てくる作品ならば、長崎源之助の「つり橋わたれ」、宮沢賢治の「注文の多い料理店」、安房直子の「きつねの窓」などです。これらの作品にも前ばなしがあり、出来事が展開され、クライマックスで何かが変わり、その後の様子が描かれているので、五つのSTEPに当てはめることができます。ただし実際にやってみると、子どもたちは、非現実の不思議さと「現実→非現実→現実」という型の方に目が向き、二つの型の間で混乱してしまいます。STEP②を教え始める中学年では特にそうです。

具体的に、作品を分析してみましょう。一つ目は、長崎源之助の「つり橋わたれ」です。この物語は、中心人物（主人公）のトッコが、重要人物（主人公の変容に大きく関わる人物）である「かすりの着物を着た男の子」と出会うことで、山の暮らしを楽しむようになっていく話です。場面構成は、左の表のように、現実と非現実の行き来する三部構成になっています。また場面と場面の間には、非現実世界へ入ったことが分かる表現、現実世界に戻ってきたことが分かる表現が見られます。

表3　「つり橋わたれ」の作品構造

「つり橋わたれ」長崎源之助

場面構成	場	中心人物	重要人物
1 現実（ふつう）	山	橋をわたることができないトッコ	山びこ？
入り口	とつぜん、どっと風がふいて、木の葉をトッコにふきつけました。		
2 非現実（ふしぎ）	山 つり橋	一人で遊ぶトッコ	かすりの着物を着た男の子が、つり橋をトントンかけていた。
出口	そして、また、どっと風がふきました。		
3 現実（ふつう）	山	橋を渡り、山のくらしが楽しくなるトッコ	山びこ？

表4　「山ねこ、おことわり」の作品構造

「山ねこ、おことわり」あまんきみこ

場面構成	場	中心人物	重要人物
1 現実（ふつう）	町	若い男の人をタクシーに乗せる松井さん	若い男の人
入り口	ほそい一本道に出ました。		
2 非現実（ふしぎ）	赤い屋根の家	山ねこをいやがっている松井さん	山ねこ
出口	林をすぎ、金色のいねのあいだを進み、町に入ったとき、松井さんは、わざわざふりむいてみました。		
3 現実（ふつう）	町	相手を思いやる山ねこに好意をもつ松井さん	若い男の人

表5　「注文の多い料理店」の作品構造

「注文の多い料理店」宮沢賢治

場面構成	場	中心人物	重要人物
1 現実（ふつう）	山おく	猟に来たものの道に迷ってしまった紳士たち	
入り口	風がどうとふいてきて、草はざわざわ、木の葉はカサカサ、木はゴトンゴトンと鳴りました。		
2 非現実（ふしぎ）	西洋料理店 山猫軒	ねこにだまされる紳士たち	ねこ（料理店の店員）
出口	風はどうとふいてきて、草はザワザワ、木の葉はカサカサ、木はゴトンゴトンと鳴りました。		
3 現実（ふつう）	山	猟師に助けられ、山鳥を買って東京に帰る紳士たち	

表6　「きつねの窓」の作品構造

「きつねの窓」安房直子

場面構成	場	中心人物	重要人物
1 現実（ふつう）	山道	昔のことをなつかしむぼく	
入り口	道を曲がった時、ふと、空がまぶしいと思いました。		
2 非現実（ふしぎ）	染物ききょう屋	思い出にひたるぼく	白ぎつね（子供の店員）
出口	ところが、小屋に帰って、ぼくがいちばん先にしたことは、なんだったでしょう。		
3 現実（ふつう）	小屋	きつねを探すか見つけられないぼく	

二つ目は、あまんきみこの「山ねこ、おことわり」です。「白いぼうし」と同じシリーズの物語で、タクシードライバーの松井さんが中心人物です。この物語は、重要人物の山ねこが、現実世界では人間であるというしかけが加わり、ファンタジー作品のおもしろさを十分に味わえます。

前の二つの作品では、中心人物の気持ちが重要人物と出会うことで変わりました。しかし、宮沢賢治の「注文の多い料理店」では、不思議な出来事を経験しても中心人物である二人の紳士の気持ちは変わりません。しかし、顔が「紙くず」のようになってしまい、容姿が変わります。安房直子の「きつねの窓」も、「現実→非現実→現実」の構造をもったファンタジー作品と言えます。中心人物は「指を染めて合わせると過去が見える」という不思議な体験をします。そのことで中心人物が変容したかどうかは、どちらにも読み取れるようになっているところがさらに魅力的です。

これらの分析を基に、ファンタジー作品読解の到達目標を設定すると、次のようになります。

〈中学年〉　三部構成が分かり、中心人物の変容を読み取ることができる。
〈高学年〉　中心人物の変容から「作品の心」をまとめることができる。

ファンタジー作品を扱う学年は、ＳＴＥＰ①や②を学んだ三年生からだと考えます。三年生ならば、「この物語に不思議なことはあったかな」、「不思議な世界への入口と出口の一文はどれだろう」という問いを受け止め、自分から進んで読み取っていくと考えます。

【大きな問い①】この物語の不思議なところはどこだろう。

作品を正しく音読できるようになったら、「急に男の子が出てきた」や、「若い男が山ねこになってしまったこと」など、心に残った非現実世界の不思議さをまとめます。

【大きな問い②】入り口と出口の文はどれだろう。

ＳＴＥＰ①場面分けのように、現実（ふつう）と非現実（ふしぎ）の境目を明らかにします。この活動によって、作品全体が現実（ふつう①）↓非現実（ふしぎ）↓現実（ふつう②）という構成になっていることが明らかになります。ただし、「山ねこ、おことわり」や「きつねの窓」のように、入口と出口が複数の文で表現されている場合があります。その場合は、「千と千尋」のようにトンネルになっていて、複数の文でできていると教えるとよいでしょう。

【大きな問い③】大きく変わったことは何だろう。どのように、どうして変わったのだろう。

ＳＴＥＰ④と同じように、中心人物がどう変容したかを考えます。はっきりとした変容が読み取れない場合は、他のファンタジー作品と比較します。変容の理由を明らかにしていく過程で、ＳＴＥＰ⑤作品の心の創作を行います。

第3章

新・読解力を支える三つのリーディング・スキル

1　なぜ、読解力は伸びたのか　その一

共に研究を進めた本校の職員はよく「作品中の言葉を大切にするようになった」と話していました。確かに、五つのＳＴＥＰによる読解単元は、どの活動でも作品中の言葉を根拠にして自らの考えをつくります。そして仲間とお互いの読みを交流します。ＳＴＥＰ①場面分けでは、「時・場・人物が大きく変わるところで新しい場面になる」という定義を用いて、作品から「時」、「場」、「人物」に関わる言葉を見つけます。ＳＴＥＰ②基本四場面の捉えなら、大きく変わったことを探すために、登場人物に関わる言葉を調べます。根拠となる言葉を探さずに、「なんとなく」のままでは、意見交流の中で相手に理解してもらったり、相手を説得したりすることができません。自力読みの授業は、作品の言葉を大切にする授業と言えます。

確かに私たちは、「言葉を正しく読むこと」に力を注ぎました。では、言葉や読みのどんな技能が育ったから読解力が高まったのでしょうか。私は、リーディング・スキルを、文法的な側面からではなく、子どもたちの学びの行為からまとめてみました。一つ目は、**「言葉を選びイメージするスキル」**です。文章から課題に沿った言葉を選び出し、それらをつなげて正しくイメージする力です。二つ目は、**「言葉をまとめるスキル」**です。選び出した言葉を使って要約する力です。三つ目は、**「言葉をつくるスキル」**です。自分の思いや意見を創作するスキルです。

この三つは、国語科以外の教科にもつながる汎用性のあるスキルです。例えば、社会であれば、「豊臣秀吉の功績を、教科書や資料集を使ってまとめよう」という課題に対して、子どもたちは、功績に関わる言葉を抜き出し、要約し、最後に感想を書きます。算数の「割合」においても、文章から、比べられる量、

もとにする量、割合の言葉や数値を選び出し、三つの関係式に当てはめることをします。自力読みベースの授業が育てる三つのリーディング・スキルは、これからの情報化社会を自分らしく生き抜くための基礎的な力となります。

図6　汎用的リーディング・スキル①　言葉を選びイメージするスキル

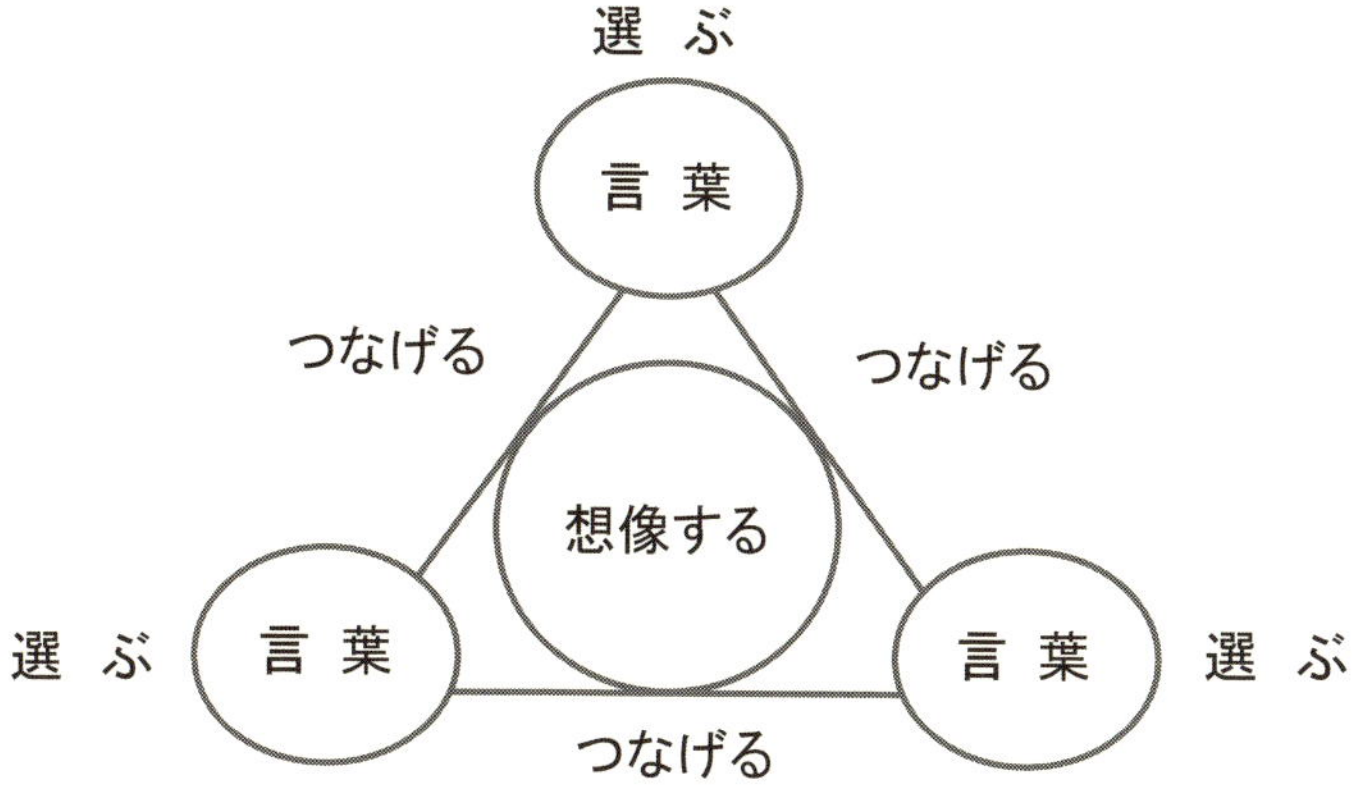

課題に関わる言葉をいくつか選び、それらから景色や心情をイメージします。

図7　汎用的リーディング・スキル②　言葉をまとめるスキル
汎用的リーディング・スキル③　言葉をつくるスキル

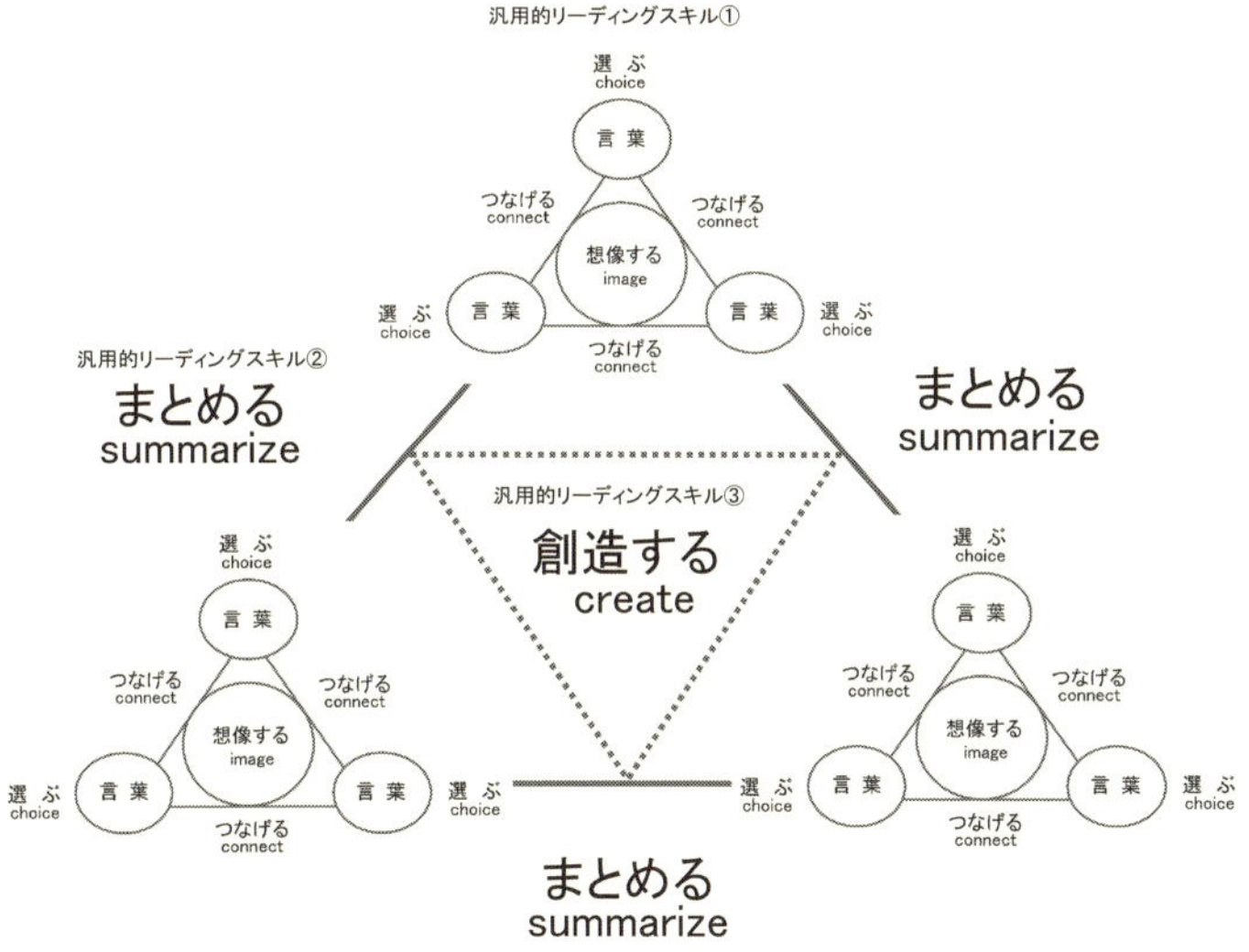

読み取った景色や心情を要約し、それらに対する自分の思いをつくります。

2 リーディング・スキルⅠ　言葉を選び、イメージする力

時・場・人物に関わる言葉を選び、イメージする

自力読みベースの授業では、教科書と共に、全文プリントを使います。全文プリントは、紙に触れなくても、冒頭の一文から結びの一文まで作品全体を見渡すことができます。ただ、使う時期には配慮が必要です。低学年の場合、挿絵が文章の読解に効果的に活用されることがあるからです。そのときは、導入では教科書の文章を用いて、文章の読み取り活動に入ったら全文プリントを使うなど発達段階に合わせて工夫しましょう。

たとえば、二年生の学習で用いた「お手紙」（アーノルド・ローベル作）の全文プリントでは、サイドラインは、三色で色分けし、「時」に関わる言葉には緑、「場」の言葉には青、「人物」の言葉には赤の線を引きました。

この「お手紙」は、登場人物の会話が多い作品で、低学年の子どもたちに「人物」を教えるのに適しています。例えば、冒頭の「どうしたんだい、がまがえるくん。きみ、かなしそうだね。」は、誰が言った言葉なのかをあえて考えてみます。この言葉はかえるくんです。がまがえるくんだとすれば、自分のことを尋ねていることになるからです。また、その言葉の直前に、「がまくんは、げんかんの前にすわっていました。かえるくんがやって来て、言いました」という記述も理由になります。「ふたりとも」のように、名前が書いていなくても人物のことを言っている場合もあります。「ふたりとも」という言葉は、がまくんとかえるくんの会話の後に書かれているので、がまくんとかえるくんのことです。学級に読むことが苦

手な子がいる場合は、このような「当たり前の読み」を丁寧に授業することも必要です。

場の言葉も同様です。劇をするという言語活動を設定しているなら「どんな小道具が必要かな」と問いかけることで、「げんかんの前」、「家」、「ベッド」、「ゆうびんうけ」などに気付かせることができます。時の言葉は、「四日たって」が挙げられます。二人は四日間も待っていたのです。

このように、低学年のうちから「時・場・人物」にかかわる言葉を選び出す力を育てていけば、中学年の目標である「場面の移り変わり」が理解しやすくなります。

三年生の「三年とうげ」（リクムオギ作、光村図書三年）は、物語の基本構成である「設定・展開・山場・結末」がすっきりと当てはまる作品です。また、転んではいけない峠で転んでしまったおじいさん（中心人物）が、トルトリ（重要人物）の機知に富んだ一言で元気になっていくという大きな変容も明快です。

STEP②場面分けは、時・場・人物に関わる言葉を選び、物語の世界を正しくイメージするスキルを育てます。「ここで場所が変わっている」「この文で時間が大きく変わっている」「ここから新しい人物が登場している」などを考えながら読むと、ぼやけていた作品世界が鮮明になっていきます。具体的に授業の流れを追ってみます。

T　紙芝居のように、場面も「いつ」、「どこ」、「だれ」が大きく変わるところで区切ります。場面②の最初はどこになるかな。

S　「ある秋の日」から「とき」が変わっている。

S　「おじいさん」が登場してきた。「だれ」も変わったと思う。

場面分けの授業でよく悩むのが「どこまで子どもたちに委ねるか」という問題です。ここでは、初めて

図８　場面分けの授業の板書例

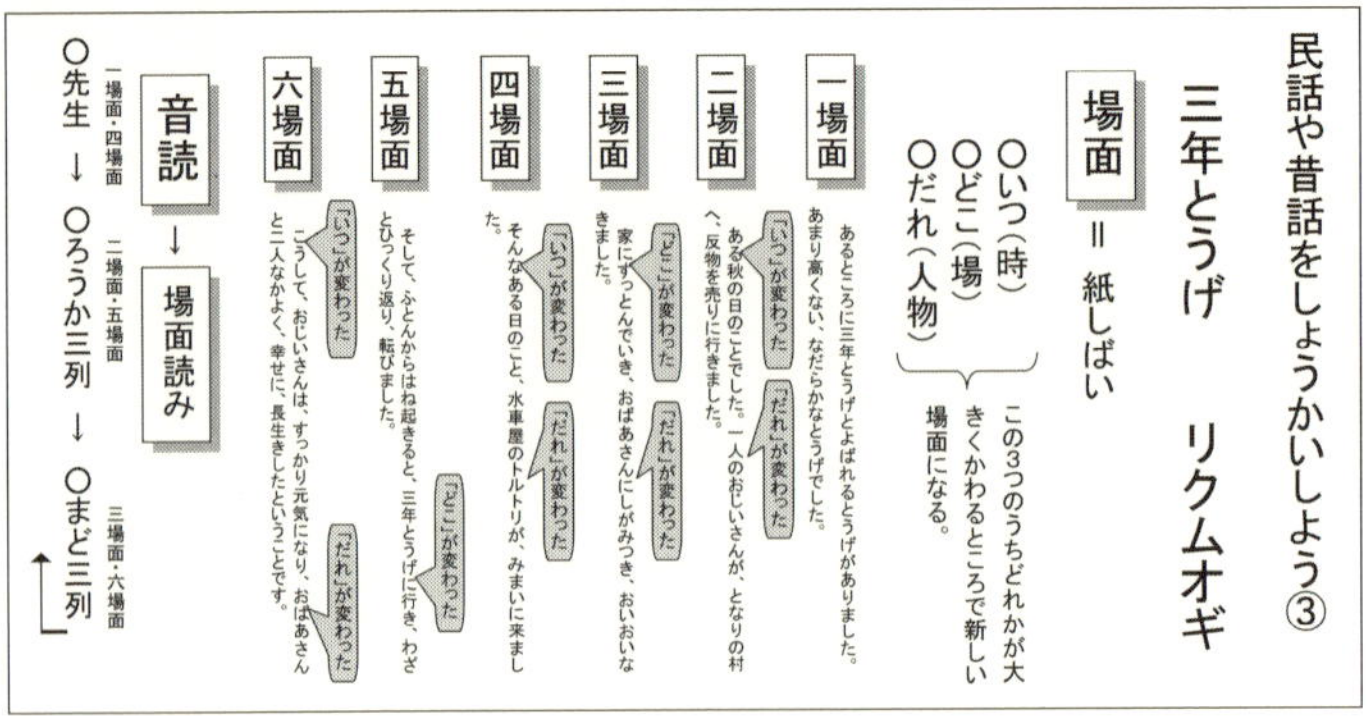

場面分けに挑戦する学級を想定して「六場面に分ける」と数を決めてみました。出発点となる場面②の出だしは、先述のように全体で話し合いながら決めます。場面③④⑤⑥については時間を与えて自分で決めるようにします。一人一人の考えがまとまったら、全体で確認していきます。

Ｔ　この物語は六つの場面からできています。残りの四つの場面を自分で分けてみよう。

Ｓ　「家にすっとんでいき」で場所が大きく変わるから、ここから場面③。

Ｓ　「そんなある日」が場面④で、「そしてふとんからはねおき」が場面⑤になると思う。

Ｓ　「こうして」の後の話は、たくさん転んだ後のことだから、「とき」が変わっていると思う。

Ｓ　「おばあさん」が出てきたし、場所も三年とうげじゃなくて２人の家のような感じがする。

Ｓ　「こうして」の後が場面⑥になるね。

場面⑥の出だしは「こうして…」の文としました。場面⑤から、時間も場所も人物も変わっているので、明らかに新しい場面です。基本四場面に当てはめるなら、トルトリのアドバイスを生かしてたくさん転がることでおじいさんは元気になり、長生きしたので「後ばなし」です。

気持ちに関わる言葉を選び、イメージする

次のSTEP②基本四場面では、作品全体を通した大きな変容を捉えるために、中心人物の行動や気持ちを読み取っていきます。子どもたちは、どの言葉に注目すればよいのか、実はよく分かっていません。教師が教えていないからです。気持ちが読み取れる言葉は、主に【気持ち言葉】【会話文】【表情】【行動】【風景】の五つのグループに分けています。

【気持ち言葉】「うれしい」とか「かなしい」など気持ちをそのまま表現した言葉。

・スイミーはおよいだ。くらい海のそこを。こわかった。さびしかった。とてもかなしかった。

・お手紙をもらって、がまくんは、とてもよろこびました。

・兵十は、びっくりして、加助の顔を見ました。

【会話文】登場人物の会話文から、心情を読み取る。

・「出てこいよ。みんなであそぼう。おもしろいものがいっぱいだよ」

・「もうわしの病気はなおった。百年も二百年も、長生きできるわい」とにこにこわらいました。

・「―それじゃぁ、おらは、とってもだめだ―」

【表情】登場人物の表情に関わる言葉から心情を読み取る。

・赤いさつまいもみたいな元気のいい顔が、今日はなんだかしおれています。

・大造じいさんは、うまくいったので、会心のえみをもらしました。

・水の中で太一はふっとほほえみ、口から銀のあぶくを出した。

【行動】登場人物の行動から、心情を読み取る。慣用句なども同じ。

・じさまは、ころりとたたみに転げると、歯を食いしばって、ますますすごくうなるだけだ。

・人びとは、頭をたれ、こそこそと家に帰りかけました。

・「おかえんなさあい。」とさけんで、げんかんへ飛び出していきました。

【風景】風景の描写に、人物の心情を重ねることがある。情景描写と呼ばれる。

・あかつきの光が、小屋の中にすがすがしく流れ込んできました

・大造じいさんは、青くすんだ空を見上げながら、にっこりとしました。

・木がおこって、両手で、「お化けぇ。」って、上からおどかすんだ。

情景描写は、映画やマンガでもよくありますが、端的に言えば、天気が良い→うれしい気持ち、天気が悪い→悲しい気持ちとなります。余談ですが、私の大好きなマンガ「スラムダンク」の湘北と山王工業の試合の中盤、中心人物である桜木花道がいる湘北高校が相手チームから大きく引き離されていく場面があります。このとき、体育館の外が大雨になります。終盤、追いつき始めた時、雨が上がります。中心人物の気持ちを風景に投影することで、心の様子が一層読み手に伝わってきます。次ページのシートは、一年生の担任が、音読で心情の読解ができるように作成したものです。

どのようによみますか。ひとつえらびましょう。

【レベル1】きょうしつに　はいったら、　ともみさんが　げんきよく「おはようございます」と　あいさつしてくれました。

A　**大きなこえで**　B　**小さなこえで**
C　**ひくいこえで**

【レベル2】にゅういんしていた　おばあちゃんが、やっといえにかえってきました。わたしは、うれしくて、「おかえり！」といって、おばあちゃんにだきつきました。

A　**あかるいこえで**　B　**くらいこえで**
C　**びっくりしながら**

【レベル3】どうくつにはいったら、なかは　まっくらでした。「もう、かえろうよ。」といってしまいました。

A　**大きなこえで**　B　**小さなこえで**
C　**やさしいこえで**

【レベル4】ぼくは、しゅくだいをもってくるのを　わすれてしまいました。せん生からおこられるか　ドキドキしたけど、ゆうきをだして「せん生、ごめんなさい」とあやまりました。

A　**うれしそうに**　B　**大きなこえで**
C　**小さなこえで**

おんどく名人をめざせ！

小さな　こえで　こんにちは
あかるい　こえで　こんにちは
くらい　こえで　こんにちは
きんちょうしながら　こんにちは
ぷんぷんしながら　こんにちは
やさしい　こえで　こんにちは
つめたい　こえで　こんにちは
びっくりしながら　こんにちは
こっそり　いうよ　こんにちは
がっかりしながら　こんにちは
しあわせそうに　こんにちは

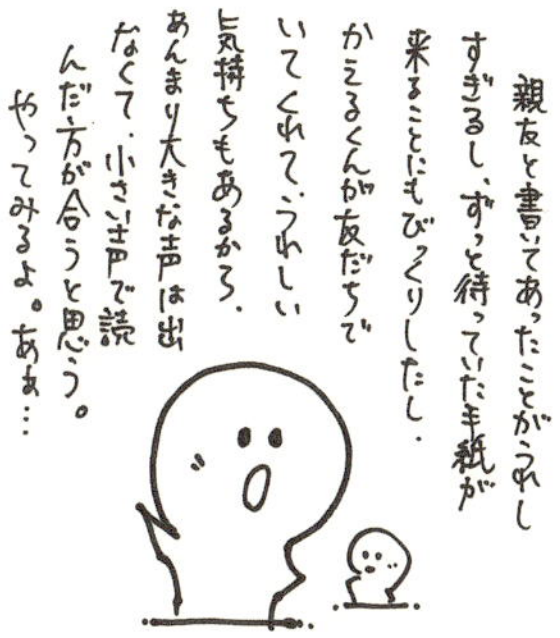
親友と書いてあったことがうれし
すぎるし、ずっと待っていた手紙が
来ることにもびっくりしたし、
かえるくんが友だちで
いてくれてうれしい
気持ちもあるから、
あんまり大きな声は出
なくて、小さな声で読
んだ方が合うと思う。
やってみるよ。あぁ…

選んだ言葉を正しくイメージする

有名な物語が映画化されたとき、原作の方がおもしろかったという感想を耳にすることがあります。自分が想像した世界の方が映画を上回っていたからですね。小学校の頃の私を含めて本が苦手だという人は、頭の中で言葉を映像化する力が弱いのかもしれません。とすれば、前節の「言葉を見つける力」が高まったとしても、その言葉を豊かにイメージできなければ、読解力は高まりません。私は、言葉を簡単な絵にすることで、イメージの仕方を教えます。例えば、左の四つの絵と言葉を使って、言葉による条件が増えると、イメージが鮮明になっていくことを体験させます。

ひろしくんが、サッカーをしている。

ひろしくんが、みんなとサッカーをしている。

ひろしくんが、公園で、みんなとサッカーをしている。

夏の暑い日、ひろしくんが、公園で、みんなとサッカーをしている。

低学年の教室でよく行われる、絵本の読み聞かせは、挿絵を通して言葉をイメージするスキルを鍛えていると考えることができます。ただ、言葉を誤ってイメージすると、作品の印象や感想を変えてしまう場合があります。「ごんぎつね」（新美南吉作）の二つの文章を読んで、中心人物であるごんぎつねをイメージしてみてください。

①　その中山から少しはなれた山の中に、「ごんぎつね」というきつねがいました。ごんは、ひとりぼっちの小ぎつねで、しだのいっぱいしげった森の中に、あなをほって住んでいました。そして、夜でも昼でも、辺りの村へ出てきて、いたずらばかりしました。畑へ入っていもをほり散らしたり、菜種がらのほしてあるのへ火をつけたり、百姓家のうら手につるしてあるとんがらしをむしり取っていったり、いろんなことをしました。

②　そのばん、ごんは、あなの中で考えました。「兵十のおっかあは、とこについていて、うなぎが食べたいと言ったにちがいない。それで、兵十が、はりきりあみを持ち出したんだ。ところが、わしがいたずらをして、うなぎを取ってきてしまった。だから、兵十は、おっかあにうなぎを食べさせることができなかった。そのまま、おっかあは、死んじゃったにちがいない。ああ、うなぎが食べたい、うなぎが食べたいと思いながら死んだんだろう。ちょっ、あんないたずらをしなけりゃよかった。」

二瓶氏は、新美南吉が「手ぶくろを買いに」のような「子ぎつね」ではなく、あえて「小ぎつね」としていることに触れ、また、ごんが自分のことを「おれ」と言ったり、「わし」と言ったりしていることを示しながら、次のように述べます。

そうなのだ。ごんは、「幼い子どもぎつね」ではない、「一人前の体の小さなきつね」なのだ。もし、ごんが「幼い子ぎつね」だったら、あまりにも悲しすぎる結末である。まだ善悪の分別のつかない子ぎつねを、一人前の大人である兵十がいきなり銃で撃ってしまうのだから。当然、読者が受け取る

「作品の心」にも大きく影響を与える。

『物語の「自力読み」の力を獲得させよ』東洋館出版社、二〇一三年

確かに、私は、子ぎつねをイメージしていました。きっとそれは挿絵の影響があります。上に示すのは教科書や絵本に載っている「ごんぎつね」の絵です。ほとんどのごんぎつねが幼いきつねとして描かれています。挿絵は子どもたちのイメージ力を高めることに有効で、どの挿絵も子どもたちは大好きでした。ただ本文の「おれ」や「わし」という言葉には合っていないのです。

また「いたずら」という言葉がそれを誘導しているようにも感じます。「火をつける」というごんの行いは、人間の生活や命を奪う悪質な行為です。とすると、そんなふうにしか自分を表現できないごんの境遇がせつなくなります。さらに、独り身となった兵十に、自分のことを分かってもらいたかった気持ちに共感せずにはいられません。同じように、クライマックス場面（場面⑥）の「場」も正しくイメージしてみると、ごんの揺れ動く気持ちが一段と読み取れます。

図9　叙述に合った「ごん」は、どれ？

その明くる日も、ごんは、くりを持って、兵十のうちへ出かけました。兵十は、物置でなわをなっていました。それで、ごんは、うちのうら口から、こっそり中へ入りました。

そのとき兵十は、ふと顔を上げました。と、きつねがうちの中へ入ったではありませんか。こないだ、うなぎをぬすみやがったあのごんぎつねめが、またいたずらをしに来たな。

「ようし。」

兵十は、立ち上がって、なやにかけてある火なわじゅうを取って、火薬をつめました。そして、足音をしのばせて近よって、今、戸口を出ようとするごんを、ドンとうちました。

図10

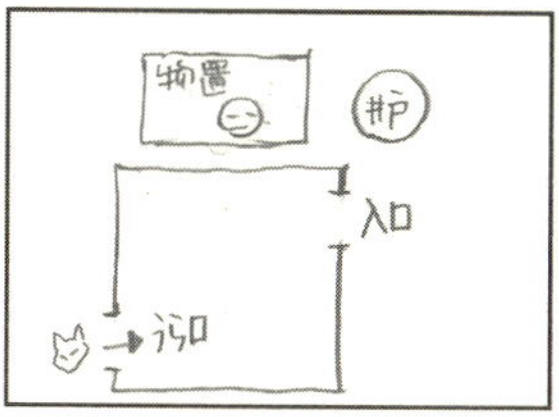

図11

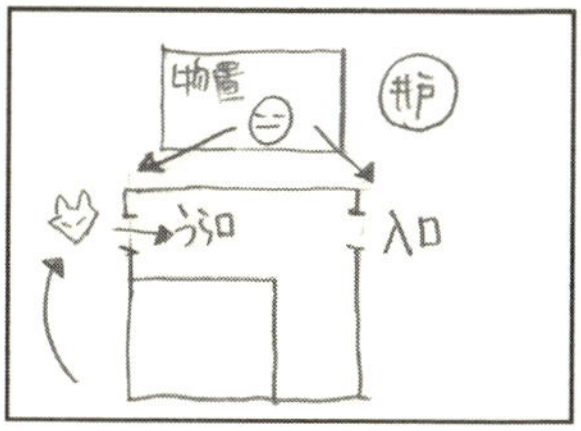

入り口からでは、物置にいる兵十に見つかってしまうから、兵十からは見えない裏口から入ったのだろうと思っていました。図10のような間取りです。しかしこの間取りは正しくありません。兵十が気付けないからです。言葉に合う間取りは図11です。数々の悪質な「いたずら」をしてきたごんにしては、危機への感度が随分と鈍っています。それほど兵十に気付いてほしかったのです。

このクライマックス場面の「時」も捉え直すと、ごんの印象がさらに変わります。「そのあくる日も」、「そのとき」、「今」など時間に関わる言葉がありますが、それではありません。「火なわじゅう」です。火縄銃は、どんなに扱いの上手な人でも手に取ってから打つまでに三十秒ぐらいかかるそうです。兵十が火縄銃を上手に扱える人だったとしても、ごんに気付いて、火薬をつめ、ドンとうつまでに三十秒かかったことになります。この時間は、ごんが兵十の家の中にいた時間とぴったり同じです。ごんは三十秒もいたのです。さっと中に入り、さっと出れば、火縄銃の準備が間に合わず、逃げることができたはずです。それほどごんは兵十に気付いてほしかったのです。

3 リーディング・スキルⅡ　言葉をまとめる力

各場面を一文でまとめる

学力テストで「読むこと」と同時に数値が上がった領域があります。「書くこと」です。三年間で十二ポイントも伸びました。5STEPの授業の中で、子どもたちは、「何場面に分けるか」、「中心人物は誰か」、「クライマックス場面はどこか」などの明快な問いに、それぞれの定義を使って自分の思いを書き答えていきます。またそれらの問いは前の学年や単元で挑んだ課題でもあるので解決までの道筋に見通しをもっています。5STEPの諸活動は、書く目的や内容がはっきりしています。特に、STEP③のあらすじまとめでは、複数の文からキーワードやキーセンテンスを選んで短くまとめるという「要約」の活動が行われます。

例えば「大造じいさんとがん」（椋鳩十作）の場面①は、五つの文、三つの段落でできています。基本四場面からすると、この場面①は、物語の設定を説明している前ばなし場面です。時は「今年も」、場は「ぬま地」人物は「大造じいさん」、（残雪とがんの群れ）です。

【場面①の本文】

今年も、残雪は、がんの群れを率いて、ぬま地にやってきました。

残雪というのは、一羽のがんに付けられた名前です。左右のつばさに、一か所ずつ、真っ白なまじり毛を持っていたので、かりゅうどたちから、そうよばれていました。

残雪は、このぬま地に集まるがんの頭領らしい、なかなかりこうなやつで、仲間がえさをあさっている間も、油断なく気を配って、りょうじゅうのとどく所まで、決して人間を寄せつけませんでした。

大造じいさんは、このぬま地をかり場にしていましたが、いつごろからか、この残雪が来るようなってから、一羽のがんも手に入れることができなくなったので、いまいましく思っていました。

あらすじまとめは、各場面を一文にします。まず主語から決めます。主語の基本は中心人物としているので、「大造じいさん」にします。述語は「いまいましく思っていました」です。これに大切な言葉を付け足していきます。いまいましく思った理由である「一羽のがんもてにいれることができず」を加えます。それは残雪によるものなので、次に「残雪が来るようになってから」を加えます。そして場面①は、このようになります。

大造じいさんは、残雪が来るようになってから一羽のガンも手に入れることができず、いまいましく思っていた。

この活動は中学年であれば、初めは教師と一緒に行います。また、穴埋めの文を用意して当てはまる言葉を考えさせる指導も効果的です。この活動に慣れてくると、子供たちは自分たちで話し合いながらまとめることができるようになります。

この「大造じいさんとがん」は、挿絵も含めて二十ページ近くなる作品なので、八つの文章に要約してあれば並び替えゲームとして物語の流れを捉える活動にも使えます。私は、あえて順番を崩して提示し、

図12　「大造じいさんとがん」８場面のあらすじ

①大造じいさんは、残雪が来るようになってから一羽のがんも手に入れることができず、いまいましく思っていた。
②一冬をこし、ある晴れた春の朝、大造じいさんは、「また堂々と戦おう」とよびかけ、飛び上がった残雪を見守った。
③大造じいさんは、またしても残雪にしてやられ、広いぬま地の向こうを見つめたまま、「ううん。」とうなった。
④大造じいさんは、つりばりのしかけを見抜いて指導したのは残雪だと感じ、「ううむ！」と感たんの声をもらした。
⑤大造じいさんは、たにしを付けたうなぎばりをくいに結び付ける方法で一羽のガンを手に入れることができた。
⑥今年、大造じいさんは、二年前に生けどったがんをおとりに使う方法を考え、小屋の中でがんの群れを待った。
⑦その翌年、大造じいさんは、たにしをばらまき、小屋にもぐりこんでガンの群れを待った。
⑧大造じいさんは、仲間を救い、頭領としてのいげんをきずつけまいと努力する残雪に強く心を打たれた。

「教科書を見ないで、順番通りに並び替えることできる？」と投げ掛けてみました。子どもたちはカード①の「いまいましく」とカード②に「見守った」という表現から、①は一場面、②は最後の八場面だったことを思い出しました。「三つの作戦が二場面ずつあるよ」とヒントを出すと、短時間で並び替えることができました。

ＳＴＥＰ①②③で鍛えられた、言葉を選び、イメージし、まとめるスキルは、読解力を支え、書く力を支えます。さらに、趣味としての読書においても、学力検査で初読の文章と出合っても、文章に向き合う構えとなっていきます。

作品全体の構成をまとめる

ＳＴＥＰ③が終わると、作品全体の構成を捉える学びが終わります。そのまとめとして、私は「いえ」に見立てた表に学んだことを記入する活動を行います。物語作品が作者によって意図的に構成されていることを可視化できるようにするためです。実際の家の建築

図13 「海の命」作品のいえ

作者名　立松和平

作品名　海の命

場面	部屋	出だしの一文	時	場	人物	あらすじ
1	設定	父もその父も、その先ずっと顔も知らない父親たちが住んでいた海に太一もまた住んでいた。	(太が子どものころ)	父親たちが住んでいた海	太一 父	太一は子どものこともぐり漁師だった父と一緒に漁に出ることが夢だった。
2	展開	ある日、父は、夕方になっても帰らなかった。	ある日 夕方	父が死んだ瀬	父 仲間の漁師 クエ	ある日、父は岩のように大きなクエをとろうとして死んだ。
3	展開	中学校を卒業する年の夏、太一は与吉じいさに弟子にしてくれるようにたのみに行った。	中学校を卒業するときの夏	与吉じいさのいる所 瀬	太一(中三) 与吉じいさ	中学校を卒業する年の夏太一は無理やり与吉じいさの弟子になり、漁の手伝いをするようになった。
4	展開	弟子になって何年もたったある朝、いつものように同じ瀬に漁に出た太一に向かって、与吉じいさはふっと声をもらした。	弟子になって何年もたったある朝	瀬	太一 与吉じいさ	弟子になったある朝、いつものように同じ瀬に出た太一に向かって、与吉じいさはふっと声をもらした。
5	展開	船に乗らなくなった与吉じいさの家に、太一は漁から帰ると毎日魚を届けに行った。	真夏のある日	与吉じいさの家	与吉じいさ 太一 (父)	太一は与吉じいさの家に魚を届けに行ったら与吉じいさが海に帰ったことをすなおに認めた。
6	展開	ある日、母はこんなふうに言うのだった。	ある日	(太一の家)	太一 母	太一はあらしさえもはね返す屈強な若者になり母の悲しみさえも背負おうとしていた。
7	展開	いつもの一本づりで二十ぴきのイサキをはやばやととった太一は、父が死んだ辺りの瀬に船を進めた。	いつも	父が死んだ辺りの瀬(父の海)	太一	太一は父が死んだ辺りに船を進めた。
8	展開	太一が瀬にもぐり続けて、ほぼ一年が過ぎた。	太一が瀬にもぐり続けてほぼ一年がすぎたころ	父が死んだ瀬	太一	太一が瀬にもぐり続けてほぼ一年が過ぎたころ二十キロくらいのクエにも興味をもてなかった。
9	山場	追い求めているうちに、不意に夢は実現するものだ。	追い求めているうちに	父が死んだ瀬	太一 (クエ)	太一は瀬の主であるクエと出会ったが戦わなかった。
10	結末	やがて太一は村のむすめとけっこんし、子どもを四人育てた。	やがて	村	太一 村のむすめ 子どもたち 母 おばあさん	やがて太一は村のむすめと結こんし父親となり村一番の漁師として生きた。

図14　「百万回　生きたねこ」作品の星座（客観編）

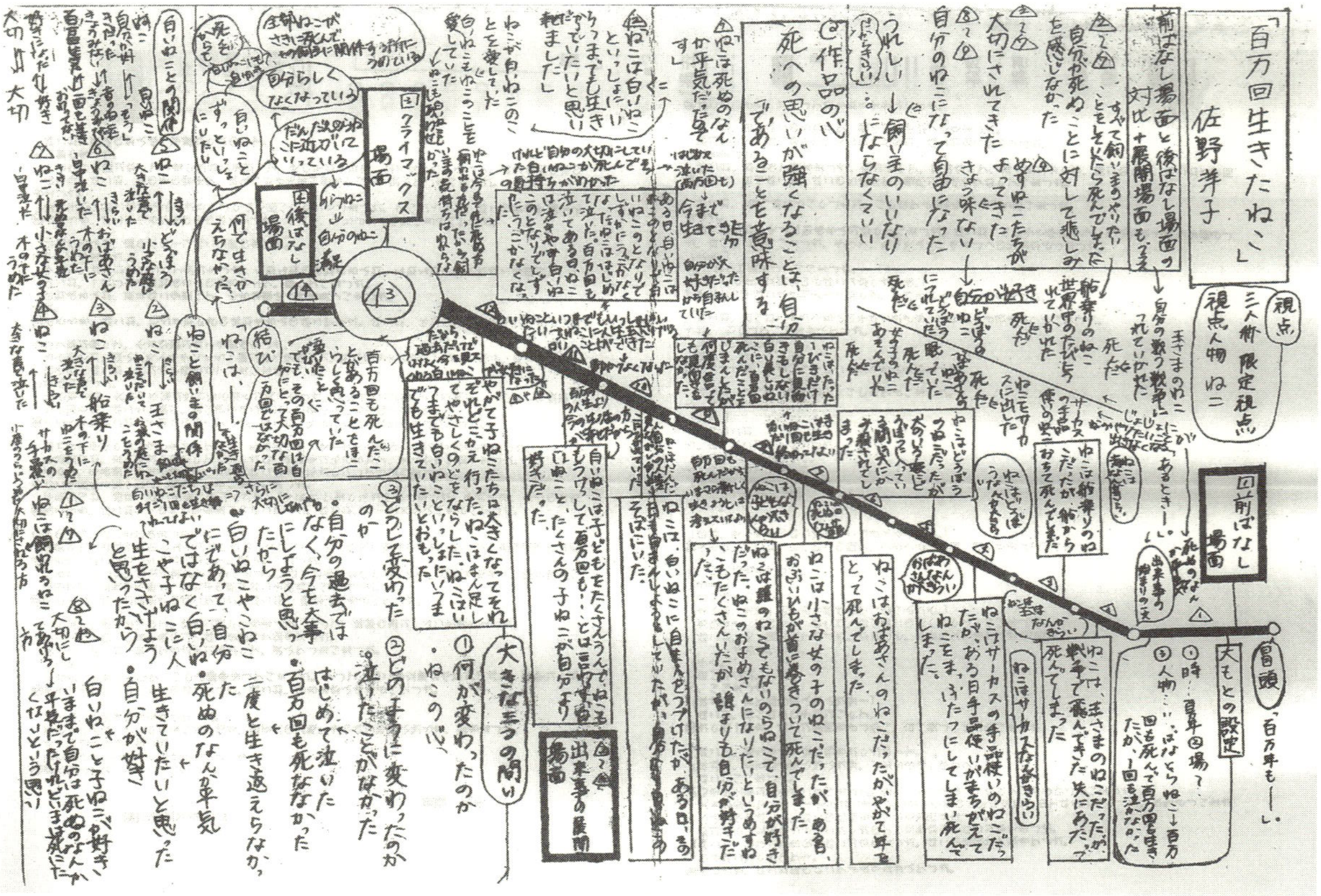

「自力読みの授業づくり」糸魚川市教育研究会研修会資料、2017年

は、土台から始まるのですが、ここでは、上から「場面」「基本四場面」「各場面の時・場・人物」「あらすじ」の順番に造っていくと話します。

一方、二瓶氏は「作品の星座（客観編）」として、前半の学びのまとめをします。この「作品の星座」は、子どもたちが前半の学びで読み取ったことが構造的にまとめられています。私の「作品のいえ」と違い、物語の山場を表現できるようになっています。右から、前ばなし場面から出来事の展開場面までを平行な直線で表し、そこから山場までを左上に斜めに上る直線で示し、そこから後ばなしまでを平行な線で表現します。ＳＴＥＰ③「あらすじまとめ」の内容は、各場面の数字の下に書きます。さらに、視点や前ばなしや後ばなしの内容も書き加えます。このプロット図は、ＳＴＥＰ①②③で学んだことをまとめる力、またアウトプットすることで自らの学びをメタ認知する場にもなります。

4　リーディング・スキルⅢ　言葉をつくる力

読解力を支える三番目のスキルを「言葉をつくる」としました。この力は特にＳＴＥＰ④と⑤で鍛えられていきます。前章で述べたように、作品の心とは「主題」のことです。「かさこじぞう」で言えば、「やさしさ」（一層目）であり、「思いやり」（二層目）であり、「明るさ」（三層目）でした。これらは、作品中の言葉と言葉をつないでいく過程で、読者が感じ取っていきます。

この活動を実際にやってみると、短い言葉で主題を言い切るというのは、なかなか難しく、小学校高学年でも高度な技能であることを感じるでしょう。それは、作品の心そのものが抽象的で観念的であるからです。言葉を見つけ、イメージし、まとめるという思考過程はＳＴＥＰ①②③と同様です。しかし、文中には直接表現されていない（されていることもある）言葉をつくることをＳＴＥＰ④⑤では求めています。ここに、ＳＴＥＰ④⑤が読解力をさらに伸ばす理由と難しさがあります。

もう一つは、学習者の主体性です。仮にＳＴＥＰ④⑤をなくしＳＴＥＰ③の後は、作品への感想を少し書く程度にしたとしましょう。これでは、いくら学力テストの数値が上がったとしても教師から与えられた作品を読んだという受動的な意識で終わってしまいます。まるで「一人の学び」のようです。ＳＴＥＰ④⑤の活動を行い、気付けた言葉と言葉のつながりから、自分なりの作品の心をまとめることができたなら、「作品を自分のものにした」という主体的な意識につながっていきます。

この主張からすれば、表面的な感想を超えた作品の心をいかに書かせる授業を行うかが読解力向上のポイントになります。二つの作品を例に述べてみます。

作品の心をつくる①「世界でいちばんやかましい音」

選び出す言葉によって、作品から異なるメッセージを受け取れるＳＴＥＰ④⑤の授業を、二瓶氏の実践を参考に「世界でいちばんやかましい音」（ベンジャミン・エルキン作）で実践してみました。まずＳＴＥＰ④「クライマックス場面の三つの問い」を投げかけます。

Ｔ　大きく変わったことは何？　どのように変わった？

Ｓ　ガヤガヤの町の人々の様子。前ばなしでは、やまかしかったのに、後ばなしでは、しずかになっている。

ＳＴＥＰ①②③を終えると子どもたちは前ばなし場面と後ばなし場面を比較します。すると、前ばなしでは、「自分たちの町のおまわりさんが、世界中のどこのおまわりさんよりもけたたましい音でピーッと笛をふくことをたいそうじまんしていました」が、後ばなしで「ガヤガヤの町のおまわりさんたちは、世界中のどこのおまわりさんよりも、やさしくそっと笛をふきました。そして、人びとは、自分たちの町が、世界でいちばんしずかで平和だということをじまんするようになりました。」となっています。

Ｔ　確かにそうだね。では、どうして変わったの?

Ｓ　ギャオギャオ王子が静けさのすばらしさを知ったから。

子どもたちは、次の叙述、「生まれてはじめて、王子さまは、小鳥の歌を聞いたのです。木の葉が風にそよぐ音を、小川を流れる水の音を聞いたのです。生まれてはじめて、王子さまは、人間のたてるやかましい音ではなく、自然の音を聞いたのです。生まれてはじめて、王子さまは、しずけさと落ち着きを知ったのです。そして、王子さまは、それがすっかり気に入りました」の部分を見つけてくるでしょう。ここから受け取れる作品の心は次のようになりました。

【一層目の作品の心】○静けさと落ち着きは、心をやさしくする
○自然の音や自然を大切にしよう
○うるさいと大切なことがみえなくなる

この物語には、二回しずかになる場面があります。一回目は、「自分も世界でいちばんやかましい音を聞いてみたいという個人の思いです。人数が増えるに従って「自分ひとりぐらい力を抜いてもいいだろう」という心情になる現象を、経済学では、「フリーライダー現象」と呼ぶそうです。その「しずけさ」を後ばなしの「しずけさ」と比較することで、後ばなしの「平和」や「やさしい」という言葉に注目させて、新しい作品の心を感じ取れるようにします。

Ｔ　ところで、ギャオギャオ王子は、どうして自然の音に気付くことができたの?

Ｓ　みんながしずかになったから。初めは、「ギャオギャオ王子、おめでとう」というつもりだったけど、

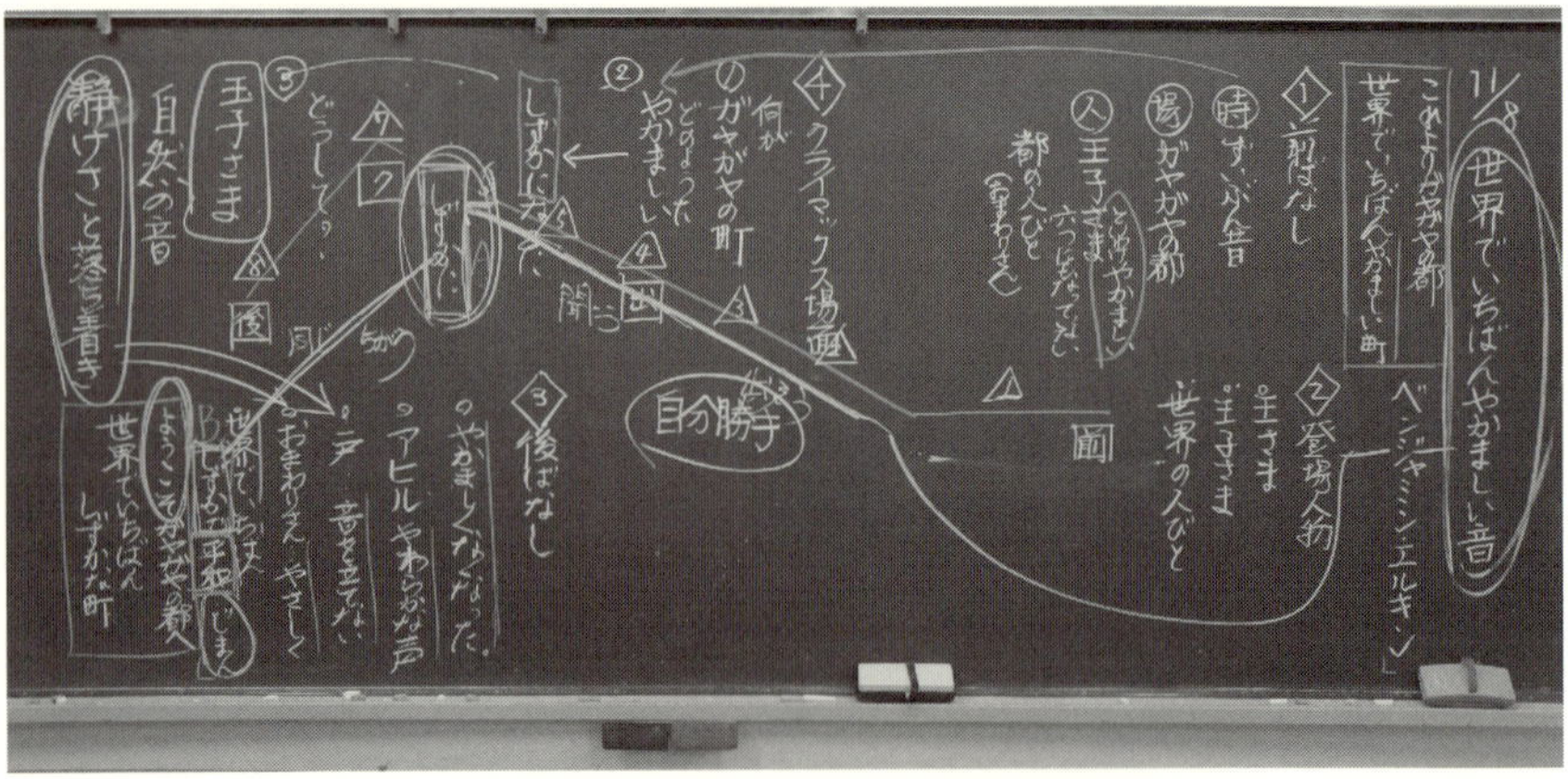

「世界でいちばんやかましい音」板書

うわさが広がり、みんなが声を出さないことにしたから。

T　うーん。今、先生、ごちゃごちゃになった。今、二つの「しずけさ」が出てきている。場面⑥のみんながだまった「しずけさ」と、場面⑧の「しずけさ」は、同じなの？違うの？

S　場面⑥の「しずけさ」は、自分勝手な「しずけさ」なの。ずるいっていうか…。だって、本当はみんなで「ギャオギャオ王子、おめでとう」というはずだったのに、うわさが広がり、みんなが口だけは開いて、声を出さないことにしたから。自分勝手の極致だと思う。

S　場面⑧の「しずけさ」は、相手を思いやっている「しずけさ」だと思う。だって、自分だけでなく、相手も自然の音を聞きたいと思うから。「やさしい」とか「平和」って自分勝手のことじゃない。

ここから受け取れる作品の心は次のようになりました。

【二層目の作品の心】○自分ひとりぐらいという気持ちが平和をこわす
○自分勝手の反対語は、思いやり
○平和とは、人を思いやる心から始まる

このような発問によって、二層の作品の心、また見えていない言葉と言葉のつながりを見せることができます。

作品の心をつくる②　「ごんぎつね」

「ごんぎつね」のSTEP④⑤には、自分でやっても、他人がやっているのを参観しても、乗り越えられない「指導のかべ」を感じます。二瓶氏は、「ごんぎつね」のクライマックス場面の問いについて次のように述べます。

例えば、四年生の段階では、まだ発問が必要です。「何が、どのように、どうして変わったのか」という問いを、そのままぶつけるわけにはいかない。『ごんぎつね』の段階ではまだなのです。だからこそ、教材解釈をもとにして、我々が中心となる話題、「オンリーワンの問い」を設定する必要があります。

そこで私が発問するのは「うなずくごんはほほえみか、それとも涙目か？」です。「ほほえみか涙目か」を一生懸命考えるということは、この問いに対する読みを作品全体からもたざるを得ない発問だからです。

『物語授業づくり入門編』文溪堂、二〇一三年

私も、他の教師も同じように発問しました。喜びと悲しさの間で揺れる授業になるだろうと発言を待っていても、出てくる意見は「ほほえみ」ばかりでした。初読では、ごんが死んでしまったことから「悲し

い物語」と感じていたのに、読み進めていくと、「ごんの気持ちが兵十に通じたうれしい話」になってしまうのです。STEP④⑤においても、物語の悲しさを感じられるように展開したいのですが、どの言葉に注目し、どう発問を組み立てればよいのかが分からないのです。これが、私の「指導のかべ」です。

私にとって、「ごんぎつね」という物語の大きな変容は、二人の関係性です。すれ違った二人が、命を奪う（奪われる）ことをきっかけに、最後に分かり合えるという変容です。十才の子どもたちと行う国語の授業で、「死ぬこと」や「殺されること」を前面に出した授業は好ましくありません。確かに、物語を読むことのおもしろさを理解させる上で、「人っていいな、生きているってすばらしい」という正のメッセージを受け取ってほしいです。しかし、この作品からは、四年生なりに、相手の命を奪うことで初めて理解できた、命をなくすことで相手に理解してもらえたという悲しみも感じてほしいのです。それができれば、次に示した作品の心を受け取ることができると考えます。

【一層目の作品の心】○分かってもらえることの喜び

○思いやることの大切さ

○心が通じることの喜び

【二層目の作品の心】○死ぬこと・殺すことの悲しさ

○分かり合うことのむずかしさ

○つぐなうことのむずかしさ

○気付いてもらえないつらさ

○憎しみは、事実をみえにくくする

以下、私の授業案を示します。子どもたちはSTEP①②③で作品の構造を調べた後、STEP④に入ります。そこでは、「うなずくごんはほほえみか、それとも涙目か」という発問についての自分の考えを書きます。次に全体対話で五〜六人の考えを聞き、学級としての考えを整理します。そして、喜びと悲しみの間で命を閉じていくごんの気持ちを考えていきます。悲しみの涙目だっただろうと考えた意見を取り上げ、そのときのごんの気持ちに同化させます。最後の気持ちを自分なりにイメージさせながら、三場面のおっかあの死を想像するごん、八場面の目を開く力もないごん、銃を落としたことに気付いたはずのごんを叙述から読み取ります。

T　うなずくごんはほほえみだったのか、涙目だったのか

S　涙目だったと思う。死んでしまうから。

T　死にたくないのに死んでしまう。このことを精一杯イメージして、ごんの気持ちを考えてみよう。

S　こわいよ。死ぬのがいやだ。痛いよ。苦しいよ。

S　くやしい。くりを置いたのは、おれだって、口で言いたい。でも苦しくて言えない。

S　兵十のおっかあも、こうやって苦しんで死んだのかな。うなぎをとらなきゃよかった。バチが当たった。

S　音がした。兵十が銃を落としたんだ。悲しませているのかな。また兵十にいやな思いをさせてしまった。

次に、喜びのほほえみだと考えた意見に寄り添い、栗を固めて置いているごんに同化させ、兵十に近寄ることが危険であることが分からなくなるくらい気付いてほしかった気持ちが高まったことを読み取ります。

S　ほほえみだったと思う。くりを置いたのは自分であることを分かってもらえたから。

T　どうして、ごんは分かってもらいたいの。どこから分かる。

S　場面③で、うなぎを盗んだことを悔やんでいる。「ちょっ、あんないたずらをしなきゃよかった。」って。

S　場面④で、そのつぐないに、いわしを兵十のうちの中へ投げ込んでいる。失敗だけど。

S　場面⑥では、三日間連続で、くりや松たけを持っていっている。

S　場面⑦で、「おれは引き合わないなあ。」って言っているでしょ。神様のせいにされたから。おれだよって言いたい。

T　なるほど。ごんがどれだけ兵十に分かってほしかったのかは分かった。でも、変だな。どうして、ごんは逃げなかったんだろう。だって、いわしの時は投げ入れていたし、三日間連続でくりや松たけを届けたときも、入口に置いて捕まらなかった。一場面のひどいいたずらをしていたときだって、決して捕まらなかった。七場面で兵十と加助の後を着いていくときだって、二人の暗いかげの中にいる。

S　兵十に見つかってしまったから。

S　物置の入口に置いていたのに、八場面では家に入って、土間に置いたから。

S　逃げなかったんじゃなくて、逃げられなかった?

T　注意深いごんが、そんなミスをするだろうか。この場面をきちんとイメージしてみよう。

こうして、八場面の言葉を手がかりに、時や場を正しくイメージしてみます。そして、どんなときも研ぎ澄ませていた注意深さが鈍るくらい、兵十への気持ちが高まっていたことに気付かせます。

T　ごんは、兵十のうちのどこから入って、何をしたの。

S　裏口から入った。

T　だったら見つからないのでは。

S　兵十が小屋にいて顔を上げたら、裏口から入るのが分かった。

T　ごんは、どのくらい、うちの中に入っていたのかな。書いてあるよ。

S　兵十が立ち上がって、火縄銃を持って、撃つまでの間。

T　それって、何秒ぐらいだと思う。

S　三秒。

S　五秒。

T　火縄銃って準備するのに時間がかかるそうです。上手な人で三十秒くらい。兵十がそうだったとすると、ごんは、三十秒、いたことになるね。もう一つ、撃たれた場所はどこ。

S　ごんが、うちを出ようとしたところ。

T　ということは、兵十のうちの中、外?

S　うちの中。

T　どうだろう。この場面に、注意深いごんはいるかな。

S　いくら裏口でも、これでは兵十に気付かれてしまう。

S　入口に置けば、見つかっても逃げられた。土間でも逃げられた

T　なぜ、ごんは、すぐに逃げずにうちの中にいたんだろう。くりを固めながら何を思っていたんだろう。

S　くりや松たけを置いていたのは、おれだよ。固めておくよ。気付いてくれ。

S　うなぎのこと、ごめん。反省しているよ。

S　いわしを投げ入れたのもおれだよ。ごめん。

S　兵十の家に初めて入れてうれしいな。ここでおっかあと暮らしていたんだな。

T　なるほど。そんなことを思いながら、うちを出ようとしたとき、兵十に撃たれたんだね。

喜びと悲しみの間で命を終えていくごんの様子を、このように読み取っていけば、次のような感想を引き出すことができ、節の冒頭で述べた、二層目の作品の心を感じことができるのではないかと考えます。

○ほほえんでいたと思う。少しだけど、兵十の家に入れたから。そして、気付いてくれたから。兵十が自分に語りかけてくれたから。
○ごんは心で泣いていたと思う。遠くからしか見れなかった兵十が目の前にいるのに、ちゃんと目を開けて見られなかったから。自分の声で「くりを置いていたのはオレだよ。うなぎのことごめんね」って伝えたかったと思う。
○ほほえんでいたと思う。自分は変われたって。人がいやがることしかしていなかったのに、人のために何かをできるようになったから。そういう自分でいいって。
○悲しいに決まっている。仲良くなりたかった兵十にうたれたんだもん。でも自分が悪いと思っている。全部、悲しい。

時・場・人物に関わる言葉を選び取り、つなげ、イメージすることで、作品の心を広く受け取れる授業について述べました。物語の読解単元の最後に、作品のメッセージを自分の言葉で表現する活動、つまり「言葉をつくる」という活動を行うことで、対象に能動的に関わろうとする態度が養われ、思考力・表現力が高まります。

第4章

四つのボーンで構成する新・読解力向上プログラム

1　なぜ読解力は高まったのか　その二

プログラムを共有すること

もう一つ、子どもたちの読解力が高まった理由があります。

それは、全学級で同じプログラム、同じ用語を用いて指導したということです。物語の読解指導には、様々な実践や理論があります。この国語授業研究の奥深さは財産である一方で、指導法が学校全体で共有されにくいという課題でもあります。六年間の蓄積が生まれにくいのです。登場人物の中で最も詳しく描かれている人物を何と呼ぶのか、その人物に大きな影響を与える人物を何と呼ぶのか。担任が変わるたびに学習用語が変わるとしたら、その都度、教師も学習者も以前とどう違うのかを整理しなければなりません。ある有効な指導法が次の学年で使用されず、新たな方法が教えられていくとすれば、全校の子どもたちの読解力を高める上で非効率的です。

中心人物や重要人物、前ばなしや後ばなしといった学習用語を全学級で共有すれば、さらに、場面を分けてクライマックス場面を決め、大きな変容を考えるという学習過程をも共有できれば、学年や担任が代わっても、子どもたちの学びに無駄なズレが生じません。

こう述べると、窮屈に感じる方もいるでしょう。授業者なりのアプローチが生かせないからです。しかし、そんなことはありません。私が述べたいことは、骨組み（ボーン）だけを共有しようということです。どんな肉付けをするかは、教師による教材分析や言語活動の内容によって異なります。教師に「やらされている」という意識を与えてしまう硬いカリキュラムはいずれ形骸化します。

ゼロからつくるのではなく、今あるリソースを生かすこと

読解力向上プログラムをつくる際、最初に考えたことは、発問や対話など〔授業レベル〕の課題追究だけでは読解力は高まらないということです。読解指導が曖昧になっているのは、学習指導要領や教科書の指導書だけでは「何を教えるのか」がはっきりと分からないからです。とすれば〔授業レベル〕の研究と同時に、その上にある〔指導内容レベル〕の研究を行わなければなりません。しかしそれは、国語教育の研究者が長い年月をかけて取り組んでいるものであり、地方の公立学校で、〔授業レベル〕の研究と共に追究できるものではありません。同じ問題意識をもっている方は大抵ここで行き詰まります。

話は変わりますが、困り感のある子どもに教師や親がどう向き合えばよいかを学ぶため、カウンセリング研修を受けていたときです。私はそこで初めて「解決志向アプローチ」(3)という手法を学びました。課題がある子の「できないこと」をいくつも挙げるより、「今できていること」を探し、自己肯定感を大切にしながら、他の場面にも広げていこうとする手法です。例えば、授業中にどうしても席を立ってしまう子どもが、絵を描いているときだけは座っていたとします。この「例外」にこそ解決のヒントがあると考え、その「できること」を誉め、どうしてできたのかを一緒に考え、異なる場面でもできるようになることを目指します。問題と原因の把握に時間をかけるアプローチでは、問題が複雑であればあるほど解決の手立てが見えなくなります。解決志向アプローチでは、問題解決のためのリソースはすでにあると考え、それを探すことを大切にします。

このように考えると、普通の公立学校にも〔指導内容レベル〕に関わるリソースがたくさんあることに気付きます。まずは「教科用図書」です。国語教育の専門家によって編成されたプログラムを受動的に丸呑みするのではなく、主体的に利用するのです。私には、「何を教えるか」と「どう教えるか」が示され

ている二瓶氏の「自力読み」がありました。今あるリソースを読解力向上という観点から整理すれば、研究校のような独自性はなくても、効果のある読解力向上プログラムを編成することができます。

チームで挑むこと

このプログラムを進めていく際、必要不可欠なのが教師集団のチーム力です。研究の全体像を全員で共有し、ぶれずに追究していくことは、簡単なようで難しいことです。特に国語の読解指導には様々なアプローチがあり、熱心な教師が本や研究会での学びを生かして指導を組み立てている一方で、経験の浅い教師は、指導書通りに進めていくことで精一杯です。このように授業力が異なる教師集団に一つの指導法を提案すると、研究主題や研究方法を否定する教師が出てきます。当然です。私も、もし「自力読み」とは異なる指導法を提案されたら、すぐには乗れませんから。

よって私は、研究を始める際、職員に学力結果を示すと共に、学級によって読解指導が異なっていては非効率的であるということ、また、実はどの教師も「物語の読解単元で何を教えるか」が曖昧なことを話しました。その上で、自力読みという指導法ならば「何を教えるか」と「どう教えるか」を同時に追究できることを示し、まず一年目は、この指導法が読解力向上に有効なのかを二瓶氏の授業を追試して確かめてみようと呼びかけました。

一年目が終わり、子どもたちの主体性の向上と、指導内容や方法の明確さを実感した教師たちは、研究を継続することに賛同しました。この「思いの共有」ができると一気に研究が進んでいきます。研究二年目、学級担任が何人も転出したために、プログラムの共有に時間がかかり、結局、学力検査の数値が下がりました。公立学校の宿命です。しかし三年目、新チームでの成果が現れ、一年目の数値を上回る伸びが

図15　読解力向上プログラム（糸小プラン）全体像

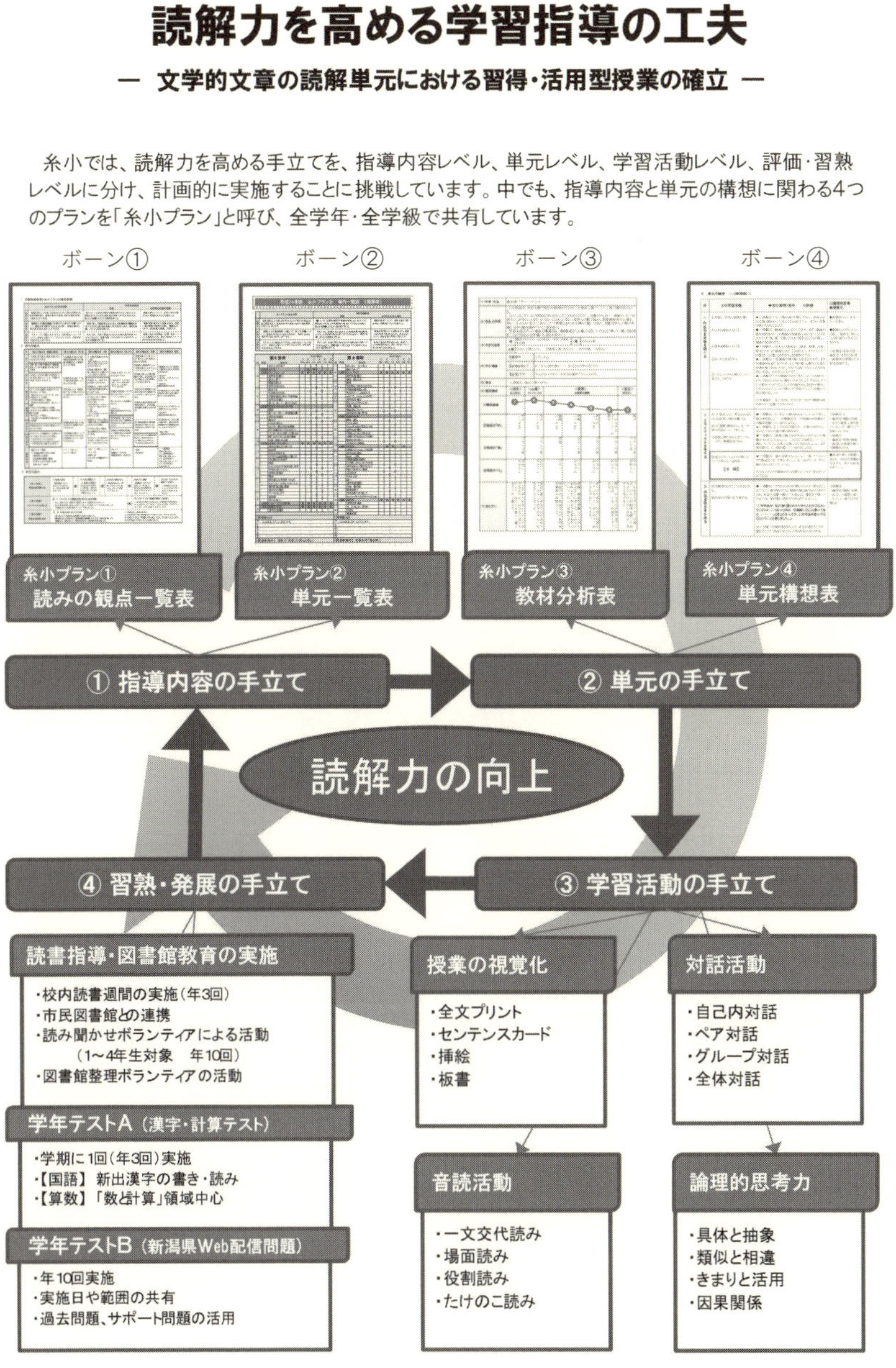

見られました。その伸びは、子どもたちの読解力だけではありません。学年主任や初任者担当の教師たちが、若手教員の授業力が伸びたことも喜んでいました。経験が浅い教師たちが急激に増えている今日、物語の読解指導を全職員で共有することは、学校全体の授業力を高めることに極めて有効だと考えます。

さて、前ページに示した図は、読解力向上プログラムの全体像です。まず左上の〔指導内容レベル〕で「物語の読解単元で何を教えるのか」と「どの単元で行うのか」の二つのボーンを共有しました。次の〔単元構成レベル〕では、「どのように作品を分析するのか」と「どのような単元を組むのか」の二つのボーンを共有しました。その上で、「どのように一つの授業を構成するか」という〔授業レベル〕の手立て、また「それらを他の教育活動とどう結び付けていくか」という〔習熟・発展レベル〕の手立てを設定しました。これら四つのレベルの手立てを、スパイラルに進めていくことで読解力が高まりました。

2 ボーン① 読みの観点一覧表【指導内容の共有】

物語の読解単元で「何を教えるのか」を具体化・系統化したものが「読みの観点一覧表」です。二瓶氏の「物語の自力読みの観点」(一六、一七ページ参照)を参考に、①物語の構成、②時と場、③人物、④あらすじ、⑤主題、⑥視点、の六つの観点で構成しました。四つのボーンの中で核となるものです。これは国語の指導内容(コンテンツ)であり、資質・能力(コンピテンシー)であり、国語科でしか育てられない「言葉の見方・考え方」であると考えています。

物語の読解において読みの観点はまだ他にもあります。二瓶氏を含む筑波大学附属小学校国語部が作成した「文学の系統指導表」(4)には、七つの系列に合計七十一の技能が発達段階に合わせて並んでいます。その中で二瓶氏の「物語の自力読みの観点」と合うものは二十程度です。つまり二瓶氏は自身の学習理論で読みの技能をさらに焦点化しています。それは、子どもの学びの側に立ち、六年間継続して習得と活用を繰り返しながら学べる技能・観点を選んでいるからだと捉えています。教えることはそれだけでよいのかという批判があるかもしれません。しかし自力読みには、従来の内容偏重の系統学習にはない、子どもの学びの側から内容を定める新しい系統学習の魅力があります。

この一覧表を自分たちのものにするために何度も内容の見直しを行いました。というのも、当時の二瓶氏の著書で取り上げられている作品は限られていて、どの作品で、どの観点を、どの程度教えていくのかは自分たちで探っていくしかなかったからです。今思うと恥ずかしくなりますが、一年生の「くじらぐも」で「最も大切な場面はどこか」を問う授業を試みました。難しかったようで子どもたちは下を向いたままでした。失敗です。言葉を選びつなげる力やまとめる力が十分に育っていない子どもたちに、物語の構造を教えることは無理です。同じように、子どもたちの反応や理解がよかったのでつい難しい課題に挑み、中途半端に終わったという反省もありました。そこで、指導の前倒しを防ぐために、低・中・高学年に〔重点目標〕を設定し、それぞれの学年部で大切にすべきことを示しました。

表7　ボーン①　読みの観点一覧表

	プランの重点目標	学習指導要領 目標	文学的な文章の解釈
低学年	物語を読むことの楽しさを味わいながら「読みの観点」の基本用語を覚え、場面の様子や登場人物の行動を想像して読むことができる。	書かれている事柄の順序や場面の様子などに気付いたり、想像を広げたりしながら読む能力を身に付けさせるとともに、楽しんで読書しようとする態度を育てる。	場面の様子について、登場人物の行動を中心に想像を広げながら読むこと。
中学年	場面を4つの基本場面に分類したり、あらすじを書いたりして、場面の移り変わりをとらえると共に、登場人物の心情の変化をまとめることができる。	目的に応じ、内容の中心をとらえたり段落相互の関係を考えたりしながら読む能力を身に付けさせるとともに、	場面の移り変わりに注意しながら、登場人物の性格や気持ちの変化、情景などについて、叙述を基に想像して読
高学年	クライマックス場面における中心人物の変化について考えたり、物語の主題について考えたりしながら、	目的に応じ、内容や要旨をとらえながら読む能力を身に付けさせるとともに、読書を通して考えを広げたり深	登場人物の相互関係や心情、場面についての描写をとらえ、優れた叙述について自分の考えをまとめること。

年	読みの観点①　物語の構成	読みの観点②　時・場	読みの観点③　人物	読みの観点④　あらすじ	読みの観点⑤　主題	読みの観点⑥　視点
第一学年	①文章と挿し絵から物語の流れをとらえることができる。 ②時・場・人物の3観点から物語全体をいくつかの場面に分けることができる。	①各場面の「時」や「場」を表す言葉を見つけ、場面の情景を正しく想像することができる。	①「人物」の定義が分かる。 <人物> 物語に登場する人、または人間のように動いたり話したりする生き物や物のこと。		①物語を読んで、思ったことや感じたことを「感想」と呼ぶことを知る。 ②物語の言葉を取り上げて感想を話すことができる。（～というところが～だった）	①物語の文には「会話文」と「地の文」の2つがあることが分かる。
第二学年	③あることが大きく変わる場面を「一番大切な場面」としたとき、何番目の場面になるのかが分かる。	②物語全体を通して「時」や「場」が移り変わっていることが分かる。	②登場人物の中で、最も詳しく描かれる人物を 「主人公」と呼ぶことを知る。	①物語全体を一文にまとめることができる。 <物語全体の一文まとめ> ★が、（中心人物の名前） ◆によって、（出来事） ▼になる話（変化）	③印象に残った人物の言動を引用し、自分が	<会話文> 人物が話したり思ったりしたことを表した文 <地の文> 物語の会話文以外の文
第三学年	④「4つの基本場面」の定義が分かる。 「前ばなし」＝「設定」 物語のおおもとになる「時・場・人物」が説明されている場面 「出来事の展開」＝「展開」 具体的な出来事が始まり、進んでいく場面	③前ばなしから、物語全体の「時」や「場」がどのように設定されているかが分かる。	③物語から、人物や主人公を探すことができる。 ④物語から人物の心情や行動を表す言葉を抜き出すことができる。	②場面全体を短い文にすることができる。（だれが・いつ・どこで・何をした）	④自分の生活経験で、物語の内容と似た経験がないかを考え、書くことができる。	②「地の文」は、どの人物の目から見たように書かれているかが分かる。
第四学年	「クライマックス場面」＝「山場」 あること（中心人物の心）が最も大きく変わる場面 「後ばなし」＝「結末」	④物語全体を通して「時」がどのくらい経過したのかが分かる。	⑤「中心人物」と「重要人物」の定義が分かる。 <中心人物> 物語全体を通して、気持ちやその変化が一番詳しく描かれる人物	③<あらすじ>の定義が分かる。	⑤単元の最初の感想と最後を比較して、自分の読みの変化を書くことができる。	③「地の文」は「語り手」の言葉であることを知る。 <語り手> 物語全体を語り進める人
第五学年	大きく変わった後の様子が描かれている場面	⑤各場面の「場」について、人物やものがどのような位置関係になっているのかが分かる。	<重要人物> 中心人物の変容に大きな影響を与える人物	<あらすじ> 物語の内容を短くまとめた文章のこと。 ④各場面を一文にまとめ、それらをつなげて物語全体のあらすじを書くことができる。	⑥「物語が自分に最も強く語りかけてきたこと」を、「作品の心」と呼ぶことを知る。	④「語り手」は、どの人物に寄り添い、誰の心の中を描きながら物語を進めているのかが分かる。
第六学年	⑤物語全体を4つの基本場面に分けることができる。 ⑥クライマックス場面の3つの問いについて知り、答えることができる。		⑥叙述から「中心人物」と「重要人物」の人物像をまとめることができる。 ⑦「中心人物」と「重要人物」の関係をまとめる	⑤構成の4要素を意識して、場面の数より文	⑦クライマックス場面の読取から、自分が考えたことや感じたことを中心に「作品の心」をまと	<視点人物>
重要用語	・場面（小さい場面） ・4つの基本場面（大きい場面） ①前ばなし＝設定 ②出来事の展開＝展開 ③クライマックス場面＝山場	・いつ？＝時（とき） ・どこ？＝場（ば）	・だれ？＝人物（じんぶつ） ・中心人物 ・重要人物 ・クライマックス場面の3	・あらすじ ・場面の一文まとめ ・物語全体の一文まとめ	・感想 ・作品の心	<一人称視点> 視点人物＝わたし <三人称限定視点> 視点人物＝決まった人 <三人称全知視点> 視点人物＝主な人すべて <三人称客観視点>

3 ボーン② 単元一覧表【単元配列の共有】

物語の単元で育てる力は、読解力だけではありません。物語の単元では、声に出して読む力、本を読み広げる力も育てていきます。そこで、教科書会社の単元配列表を活用しながら、物語作品を音読単元、読書単元、読解単元の三つに分類しました。すると物語の読解単元は学期に一回しかないことがはっきりしました。となると、四ヶ月前の学びを思い出すための補助教材が必要になります。表の下にそれらを示し、さらに学年で最も重要な作品を決め、教師が見通しをもって取り組めるようにしました。

ところで、私の勤務校がある新潟県上越市には「上越カリキュラム」というシステムがあり、各学校が自校の教育課題の改善に向けて教育課程を自主編成しています。「視覚的カリキュラム表」では、各学年の全教科・領域の内容を横に並べ、学校の課題を三つ（例えば思考力・人間関係力・表現力など）に焦点化し、それらがどの教科・領域の単元で重点的に行われるのかを線で結びます。この取組を学期ごとに見直します。このシステムの成果もあり、職員は学校のカリキュラムに対して能動的です。自分たちのものなのです。

田村学氏は、著書『カリキュラム・マネジメント入門』において、カリキュラム・マネージメントは、学校の管理職などの一部の人が行うことではないと述べ、「主体的・対話的で深い学び」の実現には各教科の等の学びがつながることが大切だと述べています。[5]強く示唆を受けたのは、「単元配列表は、年間指導計画上に存在する各教科等の各単元を、学び手である子供を中心に据えて、効率的かつ有効な学びになるように配列し直す仕事です。そこでは、何を視点に配列するか、どのような視点で配列するかがポイントになります」と述べていたところです。カリキュラム・マネージメントというと、教科を超えて横断的に見るという側面が強調され、教科自体のカリキュラムに目が向いていないように感じていました。田村氏が述べるように、何を視点に単元を配列するかは、教科自体にも向けられていいはずです。この点からすると、ボーン②単元一覧表は、国語の単元配列を読解力という観点から見直したものと言えます。

表8　ボーン②　単元一覧表

第5学年

月	単元	教材名	①構成	②時場	③人物	④粗筋	⑤主題	⑥視点
4		丘の上の学校で						
	B読書	あめ玉		●	●			
	A読解	のどがかわいた	●	●	●	●	●	●
		漢字の広場①						
		春から夏へ						
		新聞を読もう						
		漢字の成り立ち						
5		見立てる						
		生き物は円柱形						
		竹取物語・枕草子・平家物語						
		漢字の広場②						
		きいて，きいて，きいてみよう						
6	B読書	百年後のふるさとを守る						
		敬語						
		次への一歩――活動報告書						
7		漢字の広場③						
		夏の日						
9		われは草なり						
		カンジー博士の暗号解読						
		豊かな言葉の使い手になるためには						
		インターネットを使って調べる						
		話し合うために大切な言葉						
10		和語・漢語・外来語						
	A読解	大造じいさんとガン	●	●	●	●	●	●
11		漢字の読み方と使い方						
		秋の空						
		天気を予想する						
		グラフや表を引用して書こう						
12		同じ読み方の漢字						
		論語						
		わたしたちの「図書館改造」提案						
		千年の釘にいどむ						
		漢字の広場④						
		雪女						
1		詩の楽しみ方を見つけよう						
		ゆるやかにつながるインターネット						
		書き言葉と話し言葉						
		漢字の広場⑤						
2		すいせんします						
		複合語						
		冬から春へ						
	A読解	わらぐつの中の神様	●	●	●	●	●	●
3	D制作	物語を作ろう	●	●	●	●	●	●
		漢字の広場⑥						

【補助教材】
①「かさこじそう」いわさききょうこ
②「サーカスのライオン」川村たかし
③「世界で一番やかましい音」ベンジャミン＝エルキン
④「注文の多い料理店」宮沢賢治
⑤
【最重要教材】「大造じいさんとガン」椋鳩十

第2学年

月	単元	教材名	①構成	②時場	③人物	④粗筋	⑤主題	⑥視点
4	C音読	ふきのとう		●	●			
		春が　いっぱい						
		今週の　ニュース						
		たんぽぽの ちえ						
5		かん字の　ひろば①						
		かんさつ名人に　なろう						
		いなばの　白うさぎ						
6		かたかなの　ひろば①						
		ともこさんは　どこかな						
		同じ ぶぶんを もつ かん字						
	A読解	スイミー	●	●	●		●	
		かん字の　ひろば②						
	D制作	お話の　さくしゃに　なろう	●		●			
7		うれしい　ことば						
	B読書	黄色いバケツ		●	●			
		お話の国の友だち						
		かん字のひろば③						
		夏がきた						
9		おおきくなあれ						
		あったらいいな，こんなもの						
		カンジーはかせの大はつめい						
		ことばであそぼう						
		どうぶつ園のじゅうい						
10	A読解	お手紙	●	●	●	●		●
		主語と述語						
		かん字の読み方						
		秋の一日						
11		友だちのこと，知りたいな						
		かたかなの広場②						
		しかけカードの作り方						
		おもちゃの作り方						
12		きみたちは，「図書館たんていだん」						
	A読解	わたしはおねえさん		●	●		●	
		かん字の広場④						
		たのしい冬						
1		だれかしら						
		ようすをあらわすことば						
		見たこと，かんじたこと						
		三まいのおふだ						
		おにごっこ						
2		みんなできめよう						
		かん字の広場⑤						
		なかまのことばとかん字						
	B読書	スーホの白い馬						
3		ことばを楽しもう						
		楽しかったよ，二年生						

【補助教材】
①「かさこじそう」いわさききょうこ
②「きつねのおきゃくさま」あまんきみこ
③「ないた赤おに」はまだひろすけ
④
⑤
【最重要教材】「お手紙」アーノルド・ローベル

4　ボーン③　教材分析表【教材解釈の共有】

自力読みベースの授業を行うためには、指導書にはない独自の教材分析が必要です。そこで、授業者による教材分析をまとめた表を作り、全体で共有しやすくしました。同じ作品であっても授業者によって内容が異なってきます。

【作品の特徴】　作品の特徴をまとめる。分析者の主観が入っても良い。
【大きな設定】　物語の大きな設定（時・場・人物）を示す。　ＳＴＥＰ②との関連
【中心場面】　クライマックス場面の問いに対する答えを示す。　ＳＴＥＰ④との関連
【視点】　何人称の視点なのかを示す。
【作品の心】　作品の心（目指したい方向性）を示す。　ＳＴＥＰ⑤との関連
【場面構成】　各場面の最初の一文、時、場、人物を示す。　ＳＴＥＰ①②との関連
【あらすじ】　各場面の一文まとめを示す。　ＳＴＥＰ③との関連

ある公開授業の後、その授業者が「人の指導案だとうまくいかない」とつぶやきました。学級経営や授業づくりが上手な若い教師なのですが、その授業では、作品の本質に迫る発言を十分に解釈できず、目指すゴールに引き込んでいけませんでした。彼女は、先行実践に頼りすぎ、自分で教材分析することを怠っ

たことを反省していました。吉本均氏は、教材研究について次のように述べています。(7)

教師は、教材研究・解釈を徹底することによって「教えたいもの」をわがものにしなくてはならないのです。自分の教えたいものをつくりだす作業が、教材研究・解釈なのです。

ところで、教師の「教えたいもの」は教えてはならないのです。教えたいものは、子どもたちの「学びたいもの」に転化、発展させなければならないからです。(中略)

子どもたちの知的関心と追究心を刺激し、ひきおこしていく授業になるか、ならないかは、まさに、この教材・教具＝発問づくりの適否に左右されるともいえます。身にかかる発問のないところでは、子どもたちは動かないからです。

しかし、同時に、その発問は、深い教材研究・解釈から導きだされ、それに裏づけされたものでなければならないのです。そうでなければ、子どもたちの思考を高め、鍛えることにはならないからです。

断片的な孤立的な発問では、子どもたちの思考は浅いところで停滞し、平板な次元を堂々めぐりするだけになるからです。

自力読みベースの授業によって、確かに読解力と主体性と読解力が高まります。しかし、授業者自身が主体的に作品と向き合わなければ、子どもの発言の裏側にある思いを十分に受け取れません。STEPの反復だけが一人歩きし、逆に子どもたちの主体性や読解力を停滞させます。

表9　ボーン③　教材分析表

(1)作品	「モチモチの木」斎藤隆介	光村図書	3年
(2)作品の特徴	ある日の真夜中、5才の豆太は、じさまが腹痛で苦しんでいることに気付く。助けたいと思った豆太は夜の山道を泣きながら走り、医者を呼びに行く。そして、モチモチの木に灯がついているのを見る。このクライマックス場面が読者の心に強く残るのは、作品に様々な仕掛けがあるからだと考える。 例えば、幼い子とその祖父が山で慎ましく暮らすという人物設定、豆太の臆病さを強調する語り手、「山の神様の祭り」や「木に灯がともる」と自然を敬う世界観、クライマックス場面がまぼろしであったかのように結末で臆病な豆太に戻ってしまう場面構成などである。この物語は、クライマックス場面では中心人物が大きく変化するのに、作品全体を見渡すと変わっていない。その分、人のやさしさとは何か、強さとは何かを問いかけてくる魅力的な作品である。		
(3)大きな設定	①時　秋から冬にかけて	②場　とうげのりょうし小屋	
	③人　①中心人物:豆太　②重要人物:じさま　③その他:医者様		
(4)中心場面	①何が変わった？	豆太の心や行動が変わった。	
	②どのように変わった	夜、くまやモチモチの木が怖くて外に出られなかった豆太が、一人で外に出て医者を呼んでくることができた。	
	③どうして変わった？	唯一の家族であるじさまを助けたかったから。	
(5)視点	三人称限定視点　視点人物＝豆太		
(6)作品の心	どんな人にも大切な人を守ろうとするやさしさと勇気がある。		

(7)場面構成	後ばなし	クライマックス		出来事の展開		前ばなし	
	6	5	4	3	2	1	
最初の一文	「弱虫でも、やさしけりゃ」でも、次の朝、はらいたがなおって元気になったじさまは、医者様の帰った後で、こう言った。	これも、年よりじさまの医者様は、豆太からわけを聞くと、「おう、おう―。」と言って、ねんねこばんてんに薬箱と…上ってきた。	「豆太は見た」豆太は、真夜中に、ひょっと目をさました。	「霜月二十日のばん」そのモチモチの木に、今夜は、灯がともるばんなんだそうだ。	「やい、木ぃ」モチモチの木ってのはな、豆太がつけた名前だ。	「おくびょう豆太」全く、豆太ほどおくびょうなやつはない。	
時の設定	次の朝	霜月二十日の真夜中	霜月二十日の真夜中	霜月二十日の夜	秋 昼間 夜		
場の設定	とうげのりょうし小屋	医者様の家から小屋まで	小屋から医者様の家まで	とうげのりょうし小屋	とうげのりょうし小屋	とうげのりょうし小屋	
人の設定	豆太 じさま	豆太 じさま 医者様	豆太 じさま	豆太 じさま	豆太 じさま	豆太 じさま	
(8)あらすじ	じさまが元気になると、豆太は、しょんべんに行くときにじさまを起こした。	医者様におぶわれた豆太は、モチモチの木に灯がともっているところを見た。	真夜中、はらをいたがっているじさまに気づいた豆太は、医者様を呼ぶために、ねまきのまま、はだしで小屋を出た。	今夜モチモチの木に灯がともるという話を聞いた豆太は、見てみたいと思ったが、真夜中のことなのであきらめてねてしまった。	豆太は、昼間とちがって夜になると、モチモチの木がこわくてじさまに「シー」って言ってもらわないとしょんべんが出ない。	五才の豆太は、じさまと二人でとうげのりょうし小屋でくらしているが、おくびょうなので、夜に一人でせっちんに行けない。	

5 ボーン④　単元構想表【単元構成の共有】

一つの読解単元に要する時間は約十時間です。読解力向上プログラムでは、一つの単元において、STEP①から⑤の学習に加えて、音読活動、初読の感想を書く活動、物語の大きな設定を調べる活動、登場人物の関係を調べる活動もあります。単元構想の際、共通にすべきことと授業者が自由に設定してよいことを明らかにするため、表9のようなボーン④単元構想表を作成しました。

まず全体を縦に三つに分けました。左に「主な学習活動」、中央に「主な発問・指示、評価」、右に「関連する読みの観点・視覚化の手立て」としました。次に、単元を横に三段階に分けました。

第一段階では、主に作品の全体像を調べます。STEP①②③を中心に、初読の感想、場面分け、基本四場面の捉え、あらすじまとめを行い、作品の構造を明らかにします。初読の感想を書く活動は、STEP⑤で作品の心を創作する際、自分の読みの変化をメタ認知するために必要です。

第二段階では、STEP④を中心に「どうして中心人物は変わったのか」という単元の核となる課題について考えます。その過程で、作品全体からキーワード、キーセンテンスを選び、つなげ、STEP⑤の作品の心の創作に移っていきます。

第三段階では、STEP⑤を中心に、作品の心を創作しながら、作品全体をまとめます。音読発表会やペープサート劇、本の帯づくりなど、単元を通した言語活動がある場合は、そのまとめを行います。

二瓶氏を始めとする筑波大学付属小国語部が「画期的な提示」と述べるように、[6]二〇二〇年に全面実施される学習指導要領において「読むこと」の領域における学習過程がはっきりに示されました。説明的文章や文学的文章の学習は、①構造と内容の把握、②精査・解釈、③考えの形成、④共有、の四つの要素で構成されるとしたのです。それらに沿って指導事項も示され、物語の授業の骨格がより明確になりました。四つの要素は、左に示すように自力読みの5STEPと合致するところが多く、より効果的な授業が行えることは実証済みです。ただし、私が物足りなさを感じたのは、学習過程①構造と内容の把握の指導事項です。説明的文章については「内容」と「構造」について語っているものの、文学的文章では「構造」について積極的に語っていません。物語の構造を捉える学習は、読解力と主体性を高める上で極めて有効です。

学習過程①「構造と内容の把握」との関連
・本プログラムにおける単元の第一段階「作品の全体像を調べる」
・主な学習活動　STEP①場面分け、②基本四場面のとらえ、③あらすじまとめ
学習過程②「精査・解釈」との関連
・本プログラムにおける単元の第二段階「クライマックスを考える」
・主な学習活動　STEP④クライマックス場面の読解
学習過程③「考えの形成」との関連
学習過程④「共有」との関連
・本プログラムにおける単元の第三段階「作品全体をまとめる」
・主な学習活動　STEP⑤作品の心の創作と共有

表10　ボーン④　単元構想表

5　単元の構想　（10時間）

次	主な学習活動	★主な発問・指示　　◎評価	◇読みの観点　◆視覚化
一 作品の全体像を調べる（五時間）	①単元の目的を知り、斎藤隆介の作品を読み広げる。	★＜活動①＞今回の学習では、一人の作者の作品を読み広げるおもしろさを味わいましょう。 ・「ソメコとオニ」…中心人物はどっち？ ・「半日村」…大きく変わったことは何？ ・「花咲き山」…語り手はだれ？ ◎作品を読み、特徴をシートにまとめている。（シート）	◆作品の特徴をシートにまとめ、後からふり返られるようにする。
	②音読し，初発の感想を交流する。 ③-1 場面分けをする。 ③-2 分けた場面を基本4場面に当てはめる。 ④あらすじをまとめる。	★＜活動②＞今，「モチモチの木」を読んでみて，作品が自分に強く思ったり感じたりしたことは何ですか。 ◎本文中の言葉を用いて感想を書いている。（ノート） ★＜活動③-1＞物語のいえをつくります。まず，場面の数を決めます。何場面に分けることができますか？ ★＜活動③-2＞分けた場面を「前ばなし，出来事の展開，クライマックス、後ばなし」の4つの部屋に分けましょう。 ★＜活動④＞各場面の時・場・人をまとめます。また各場面を1文にまとめましょう。それらを合わせるとあらすじになります。 ◎物語を場面ごとにまとめ、表にまとめている。（シート）	◇読みの観点⑤－③ 印象に残った人物の言動を引用し、自分が思ったことや感じたことを感想としてまとめる。 ◆全文プリントを使う。 ◆物語を1つのいえとして捉え，場面ごとの時・場・人物を表（家のイラスト）にまとめる。
	⑤クライマックスの問いについて考える。	★＜活動⑤＞この物語で大きく変わったことは何でしょう。それはどのように変わったのでしょう。それは，どうして変わったのでしょう。 ◎中心人物の心情の変化に着目しながら、物語全体の変化について考えている。（ノート・発言・観察）	◇読みの観点①－⑥ クライマックス場面の3つの問いについて知り、答えることできる。
二 クライマックスを考える（三時間）	⑥豆太とじさまが暮らしている「場」をまとめる。 ⑦季節や時刻など「時」とモチモチの木の様子についてまとめる。	★＜活動⑥＞「場」に関わる言葉を抜き出して物語の地図を作りましょう。 ★＜活動⑦＞モチモチの木は、「時」や「人物」によっていろいろな姿に変わります。まとめましょう。 ◎物語の「場」や「時」を正しく読み取っている。（シート）	◇読みの観点②－② 物語全体を通して「時」や「場」が移り変わっていることが分かる。
	⑧語り手の言葉とじさまの言葉のちがいについて考える。 ⑨豆太とじさまの人物像をまとめる。	★＜活動⑧＞地の文は語り手の言葉です。語り手は豆太のことをどう思っていますか。 ◎語り手とじさまのちがいに気付いている。（シート） ★＜活動⑨＞じさまと豆太の人柄をまとめて、じさまのやさしさがわかる文ベスト3、豆太のおくびょうなところがわかる文ベスト3を決めましょう。 ◎叙述をもとに人物の性格をまとめている。（ノート・発言）	◇読みの観点⑥－③ 「地の文」は、「語り手＝物語を語り進める人」の言葉であることを知る。 ◇読みの観点③－⑥ 叙述から「中心人物」と「重要人物」の人物像をまとめることができる。
	⑩クライマックス場面の豆太の気持ちを考える。 【本時】	★＜活動⑩＞豆太が、たった一人で外に出た場面を、もう一度みんなで読んでみましょう。豆太はどうして泣いているのでしょうか。 ◎泣いた理由を本文の叙述から、足の痛み、寒さ、夜の山の怖さ、死の怖さと捉えている。（ノート・発言・観察）	◆豆太の心の様子が分かるように、黒板全体を豆太の心として「助けたい」と「こわい」の気持ちで揺れていることを表現する。
三 作品全体をまとめる（二時間）	⑪「モチモチの木」の作品の特徴を、シートにまとめる。	★＜活動⑪＞これまでの学習をふり返って、「モチモチの木」の作品シートを仕上げましょう。記録してきた作品シートから、一番心に残ったもの1つ選びましょう。 ◎作品を1つ選び、「時・場・人物」、「場面」、「前ばなし・出来事の展開、クライマックス、後ばなし」などのキーワード、生活経験と関係付けて理由を書いている。（シート・発言・観察）	◇読みの観点⑤－⑤ 単元の最初の感想と最後の感想を比較して、自分の読みの変化を書くことができる。
	⑫読書してきた作品の中から一番心に残ったものを選び、感想を交流する。	★＜活動⑫＞これから、サニーズ座談会「一番好きな隆介作品を語る会」を始めます。 ◎同一作者の作品を読み広げ、それらの特徴や感想を伝え合っている。（シート・ノート・発言・観察）	◆作品の題名と選んだ理由が書いてある短冊を黒板に貼っていく。似ているところに近付けて貼るようにする。

第5章

子どもたちは、なぜ国語を好きになったのか

1 学習者の主体性は「教える」ことで高まる

自力読みを基盤にした授業は、「教える」ことを大切にしています。例えば、物語であることが大きく変わったクライマックス場面が場面⑥だとします。ある子が場面③だと主張したら、考えの根拠を聞きながら、しかし1＋1を3と答えたら誤りを正すように、物語全体からすれば場面③は当てはまらないことを教えます。もちろん全体対話で子どもたちの発言から納得できるように。それは、その子に正しい読みの力を習得させるためであり、学級で共有する物語の構造を一つに絞って意見交流の共通土台をつくるためです。その上で、自分なりの作品の心を創作していきます。

この授業を受けた子どもたちに「国語が好きか」と尋ねました。すると「好き」と答えた割合が三年間で二十五％も向上し、七十五％に達しました。教師たちも「言葉を進んで探すようになった」、「子どもたちがよく発言するようになった」、「ペア対話ですぐに向かい合って話すようになった」と日常の姿からその数値の伸びを実感していました。学習者の主体性は教えることで高まります。

このように自力読みを基盤とした授業が学習者の主体性を引き出せたのは、後述するように、授業過程に①見通し、②達成感、③自己決定、④意外性、⑤ゆとり、⑥自己肯定感という六つの要素があったからだと考えています。

ところで私は、教科の学習は「基本的知識・技能の習得」という目標をシンプルに追究すべきだと思っています。こう思うのは、今日求められている学びが多様化するあまり、教科の学習ですべきことが曖昧になっているると考えるからです。

では「基本的知識・技能の習得」としての授業は、どのような特徴をもっているのでしょうか。簡潔に述べると、図16のように授業のスタート時（S）には分からなかったことが、四十五分後（G）には分かるようになったということです。ただ自明なことですが、教師が黒板の前で語りさえすれば、指導内容が子どもたちの頭の中にスッと入っていくわけではありません。教育方法学の吉本均氏が教えることと学ぶことの関係について、「教授と学習の関係は、『与える』そして『うけとる』という単純な関係ではない。学習は教師が単純に子どもにおしつけることのできない子ども自身の成果なのである」と述べるように[(8)]、教師の「教えたいこと」が、子どもたちの「考えたいこと、やってみたいこと」に転化できたとき、初めて主体的な学びがスタートします。その契機になるのが発問です。これは図17の「かべ」のようなもので、子どもたちが自分で登れるように仕組みます。

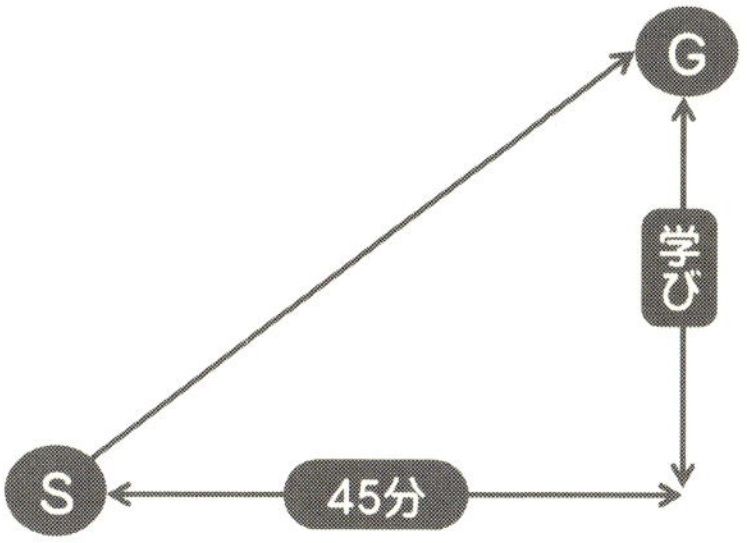

図16

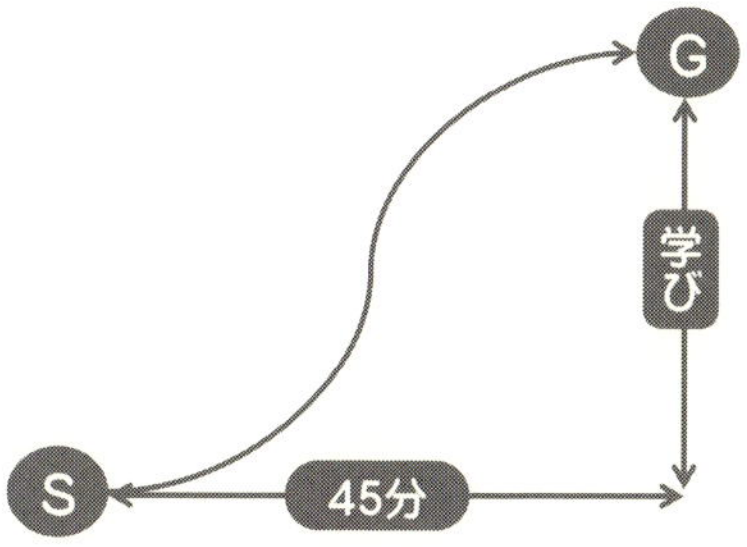

図17

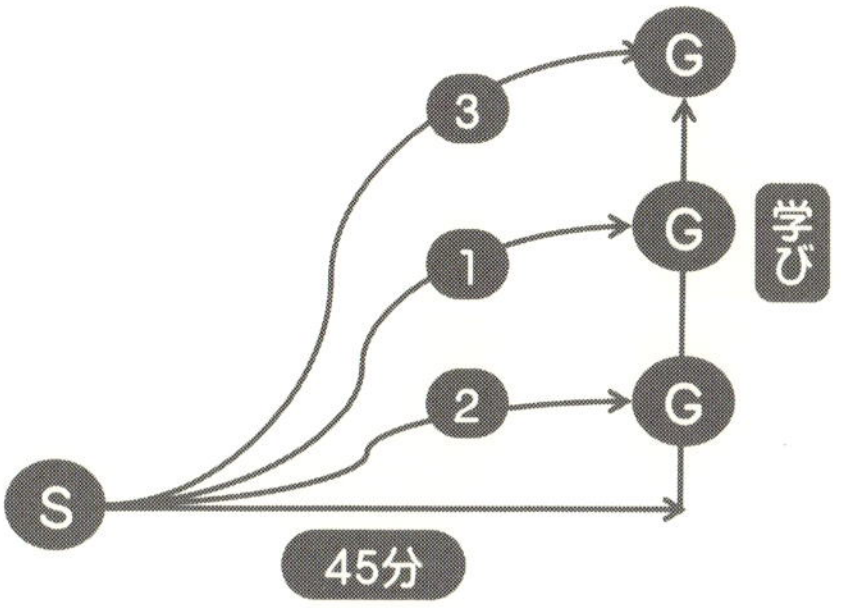

図18

子どもたちが目標としたゴールまでたどり着けなかったとしたら、最初に反省するのは、課題の難しさです。図18の線②のように課題が簡単すぎたり、線③のように難しすぎたりすると、子どもたちは「つまらない」、「何を考えればいいのか分からない」と感じます。昨日までの学びで解けそうで解けない課題が最適です。その他に、発問の内容が適切だったか、学習活動（話す・聞く・書く・読む・動くなど）のバランスが子どもに合っていたかなども考え直します。

学校での学びが、この「基本的知識・技能の習得」という枠を超えていることに異論はありません。総合的な学習の時間に、自分たちで考えたことを地域に発信するという活動、また特別活動で「どうすれば冬場の運動量を維持できるか」と運動委員会がドッジボール大会を企画・運営している活動では、教科で育てられない力が育っています。しかし、それは教育活動全体で育てるべきことです。教科の授業では、その教科でしか学べない「基本的知識・技能」をしっかりと身に付け、それを他教科・他領域と関連付けながら総合的に目標とすべき学力を獲得させていけば良いと考えます。系統主義や経験主義を乗り越えるには、そのようなマネージメントが必要です。

私が中学校や高校で経験した授業は、ほとんどが講義型授業でした。先生が発問もなく一方的に話し続け、その内容を黒板に書き、私たち生徒はただ黒板を書き写すという授業でした。その意欲がかろうじて消えなかったのは、成績のためであり、受験のためです。しかし今は授業改善が進み、中学校でも対話活動や表現活動を取り込んだアウトプット型の授業が行われています。高校でも、息子の話によれば、クラス対抗で「レコメンドブックス」というイベントが行われ、代表者が自分たちで選んだ本の面白さを他のクラスに紹介し、そのプレゼンの上手さを競い合っているそうです。こんな知的でアクティブな活動は私の時代にはありませんでした。今なぜ「深い学び」と言うのか。それは、子どもたちに自由に話し合わせても授業のねらいにたどり着けないことが分かったからです。今こそ「教えること」と「学ぶこと」の関係を捉え直すべきだと感じます。

2 「前にやった」という見通し【学習活動の反復】

授業で物語を読むとき、同じ学習活動を六年間繰り返したとしたら、やがて子どもたちはそれらの活動を自分から進んで行うようになります。一方で、六年間、単元ごとに違う学習活動をしていたら、子どもたちは常に教師の指示を待つようになります。やる気がないわけではありません。次の活動の内容は、先生しか知らないから待つしかないです。だから私は、作品が変わるたびに学習活動のほとんどを変えているのに「主体性を育てている」という実践を見ると少し疑問に感じます。

第三章で述べたように、「自力読み」では、発達段階によって差はありますが、基本、どの作品でも同じ学習活動で読み進めていきます。これによって、子どもたちは、「前にやったぞ」、「次は、ステップ③の『あらすじまとめ』だね」というように、学習に見通しをもつようになります。ユニバーサルデザインを志向した授業研究でも語られるように、次に何をするかを知っていることは、学習者に安心感と集中力を与えます。ただ、同じステップを繰り返すことは、マンネリ化を生みやすく、かえって子どもたちの知的能動性を高められない場合があります。しかし、読みが変わる面白さを味わえば、その意欲に支えられて、学習活動の反復に飽きることはありません。

3 「私にもできた」という達成感 【読みの観点の習得・活用】

子どもたちの学習への構えがよくなった理由を職員に尋ねると、授業のゴールが明確だから達成感を味わいやすいという答えを多く聞きました。ゴールが明快なのは、プログラムの心臓部であるボーン①読みの観点一覧表を作成したことで、教えることを焦点化・系統化できたからです。だとすると、どうしてこれが、子どもたちの「できた！」を引き出せるのでしょうか。STEP①とSTEP②の間で行う人物設定の学習で説明しましょう。

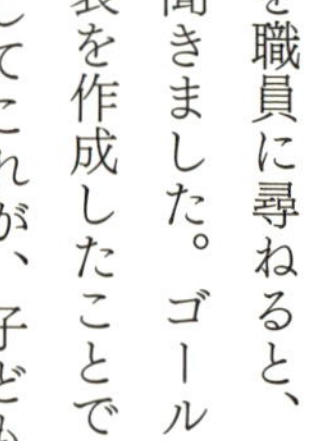

ボーン①の三つ目の観点にあるように、「自力読み」ベースの授業では、動物や物であっても、人間のように話すならば「人物」としてみなします。そして、心の動きが詳しく描かれている人物を「中心人物」、中心人物に深く関わっている人物を「重要人物」とします。アーノルド・ローベルの「お手紙」であれば、お手紙をもらえず悲しんでいたが、もらえることが分かって幸せになった「がまくん」が中心人物です。そして、その変容に大きく関わった重要人物が「かえるくん」です。

子どもたちは、登場人物に関わる言葉を選び、つなげ、まとめながら、中心人物＝がまくん・重要人物＝かえるくんというゴールを目指します。これで一つの学習活動がスパッと終わり、子どもたちは「できた！」と感じます。そして今日の学びをはっきりと言えます。これは各STEP①場面分け、②基本四場面の捉え、③あらすじまとめ、④クライマックス場面の読解、⑤作品の心の創作、それぞれにも言えます。

この人物設定の学習は、ボーン①読みの観点一覧表に従って、三年生「モチモチの木」の豆太とじさま、四年生「ごんぎつね」のごんと兵十というように系統的に進んでいきます。

4 「私はこう思う」という自主選択・決定　【定義の共有と活用】

前単元で経験した学習活動ならば「前にやった」という見通しがもてます。授業に明確なゴールがあれば「できた」という達成感が味わえます。子どもたちが自力解決する際、「道具」を与えておくとさらに意欲が高まります。

道具とは定義のことです。自力読みベースの授業では、各STEPの定義を子どもたちに教えます。例えば、STEP①場面分けであれば、「時・場・人物の様子が大きく

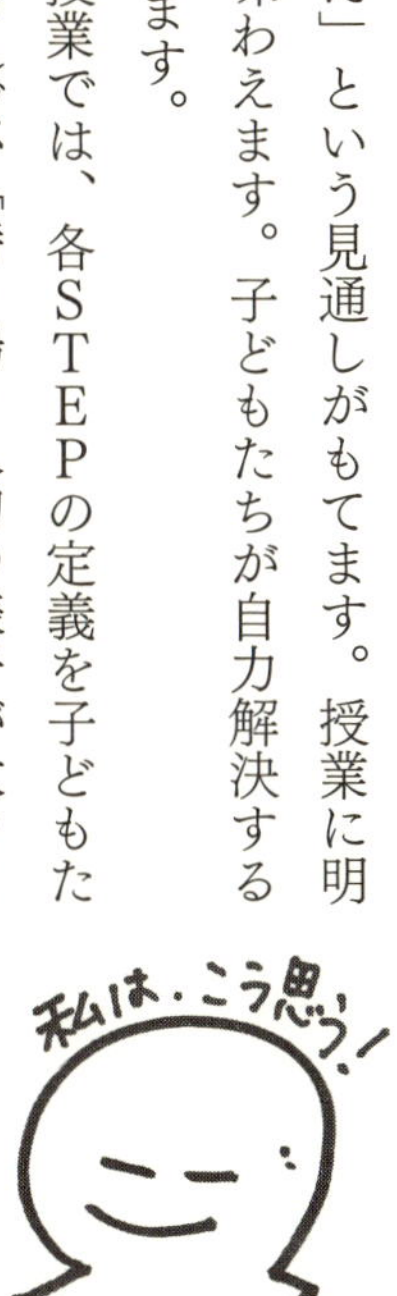

図19　定義を用いた「場面分け」の活動

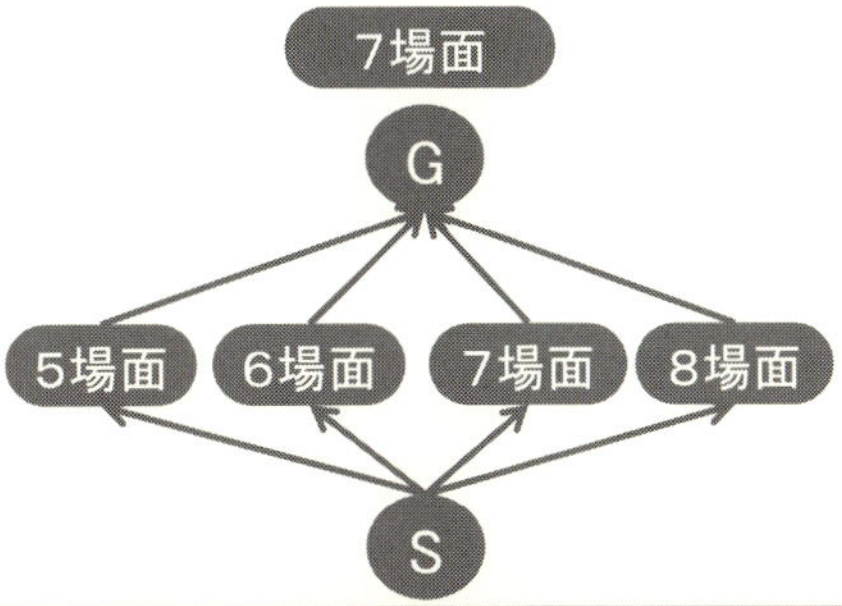

<場面>　物語はいくつかのまとまりがあって進んでいく。時・場・人物が大きく変わるところで新しい場面にする。

図20　定義を用いた「中心人物」決めの活動

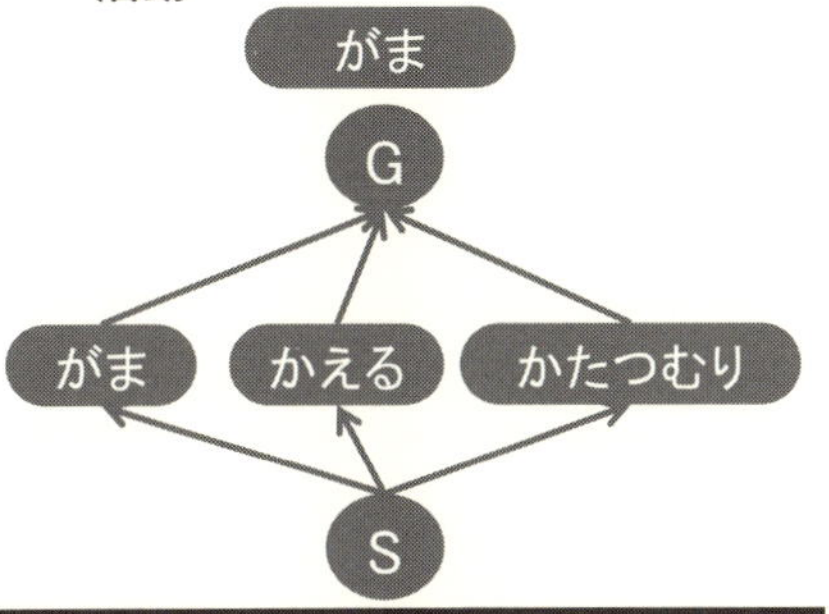

<中心人物>　物語全体を通して、気持ちやその変化が一番詳しく描かれている人物

変わるところで場面が変わる」です。ＳＴＥＰ②基本四場面の捉えであれば、「物語のおおもととなる時・場・人物が説明されている場面」を前ばなし場面と呼びます。これらの定義は、授業のかべ（できそうでできない課題・発問）を登る時の「道具」になります。子どもたちは、この道具を使って、自分の考えをつくっていきます。

同じ道具を使わせても、子どもたちの考えは様々です。例えば、ある作品のＳＴＥＰ②の学習で、「場面①が前ばなし場面、場面②から場面⑤が出来事の展開場面だ」という考えに対し、場面②は具体的な出来事が始まっていないという理由から「場面②までが前ばなし場面で、出来事の展開場面は場面③からだ」と考えたとします。このズレは授業の宝物です。正しい分け方を学級全体で考える原動力になります。結果的に自分の考えが採用されなかったとしても「道具を使いながら自分で立場を決めた」ことは学習への自信を高めます。

5 「なるほど」という思考の広がり【対話活動】

四つ目の要素は、「自分以外の考えと比較する場がある」ということです。道具（定義）を使って自分の考えをもつことができたら、それが正しいのか、他の人はどう思っているのか知りたくなります。

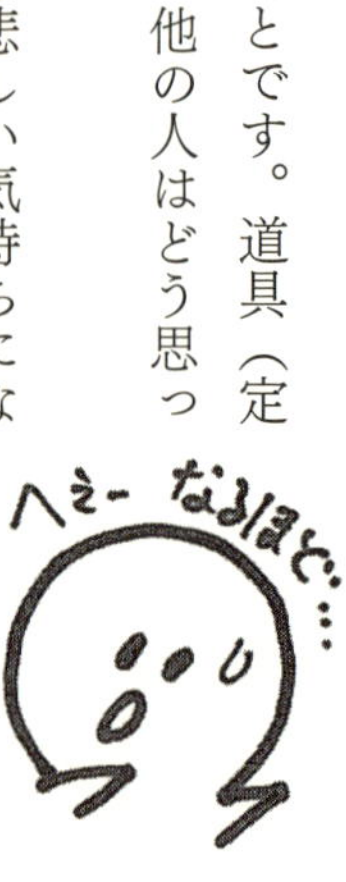

私は「お手紙」の教材分析で悩んでいました。作品の「ふたりとも悲しい気持ちになりました」と「ふたりは幸せな気持ちになりました」の二つの文からすると、重要人物としたかえるくんの気持ちもはっきりと変容しています。とすれば、本当に中心人物はがまくんなのか、二人とも中心人物

だとしたら授業をどう構成すればよいのか。そんなとき、周りの職員の意見が聞きたくなりました。聞きたくなるのです。

学習塾なら先生がすぐに答えを教えてくれるでしょう。とても効率的です。学級での学びは、非効率的ですが、同じ課題を解いている仲間からどんどん意見をもらえます。ただ「活発に話し合っていればよし」とならないように、対話の目的や形態、時間に配慮しなければなりません。

さて二瓶氏は、初期の著書「夢の国語教室創造記」（東洋館出版社、二〇〇六年）の中で、対話の必要性を次のように述べます。

私が長年にわたって続けてきた「美しい授業」からの脱却を図るため、そして、クラスすべての子どもたちが主体的な意思をもって、話し合う学習空間の創造のため、今、私の国語教室に積極的に導入を試みているのが、「対話」活動である。

そして、その流れを「課題把握→心内対話→ペア対話→全体対話→個のまとめ」という五段階で示し、中でも重視している「ペア対話」の条件を三つ、①話したいことを短く区切って相手と相互に話す、②聞いていることを態度に示しながら相手の話を聞く、③終わりの合図があるまで、沈黙の時間を決してつくらないことを挙げています。読解力向上プログラムにおいても、ペア対話は、学級の全員に自分の考えを話す機会を保障し、全体対話も活性化するものとして有意義に機能しました。

ただ課題も見えてきました。子どもたちは書いた文章をきちんと読もうとするため、情報のやり取りが重くなってしまうのです。ペア対話や全体対話を通して子どもの考えは刻々と変化します。文章化して考えると、それはもう既に数分前の考えで、相手の話を聞いているうちに考えが変わっています。この課題を、二瓶氏は「対話ノート」で克服しています。二瓶氏の授業では「自分の考えの変化の記録」を次のように進めています。

①中心に置くキーワードを決める。
②自己内対話で、自分の考えをマップに表す。
③ペア対話で、マップを見ながら、自分の考えを相手に話す。
④ペア対話で、相手が話した情報で、自分の考えにはなかったものを外側に付け足す。
⑤全体対話で、授業者が黒板に書いた情報で、自分にはなかったものを外側に付け足す。
⑥最後に、広がったマップから自分の考えを捉え直し、文章化する。

「対話メモ」であれば、新しい情報をどんどん書き足していけます。自らの考えを最初の段階から文章化させてしまうと考えの広がりや深まりを書き残しておけません。二瓶氏は、「対話メモ」をワークシートというより、やはり思考ツールのように捉えていると考えます。黒板を正確にノートに写すという当たり前の活動も、黒板の情報は授業者が学級全体の意見を反映させたメモと考えれば、「対話メモ」の一部です。とすれば、全ての情報を正確に写すのではなく、必要な部分だけを自分のメモに加えればよいでしょう。そして最後、広がった「対話メモ」を見ながら自分の考えを整理し、落ち着いて文章にまとめていけばよいのです。

図21　「海のいのち」で子どもが作成した対話メモ

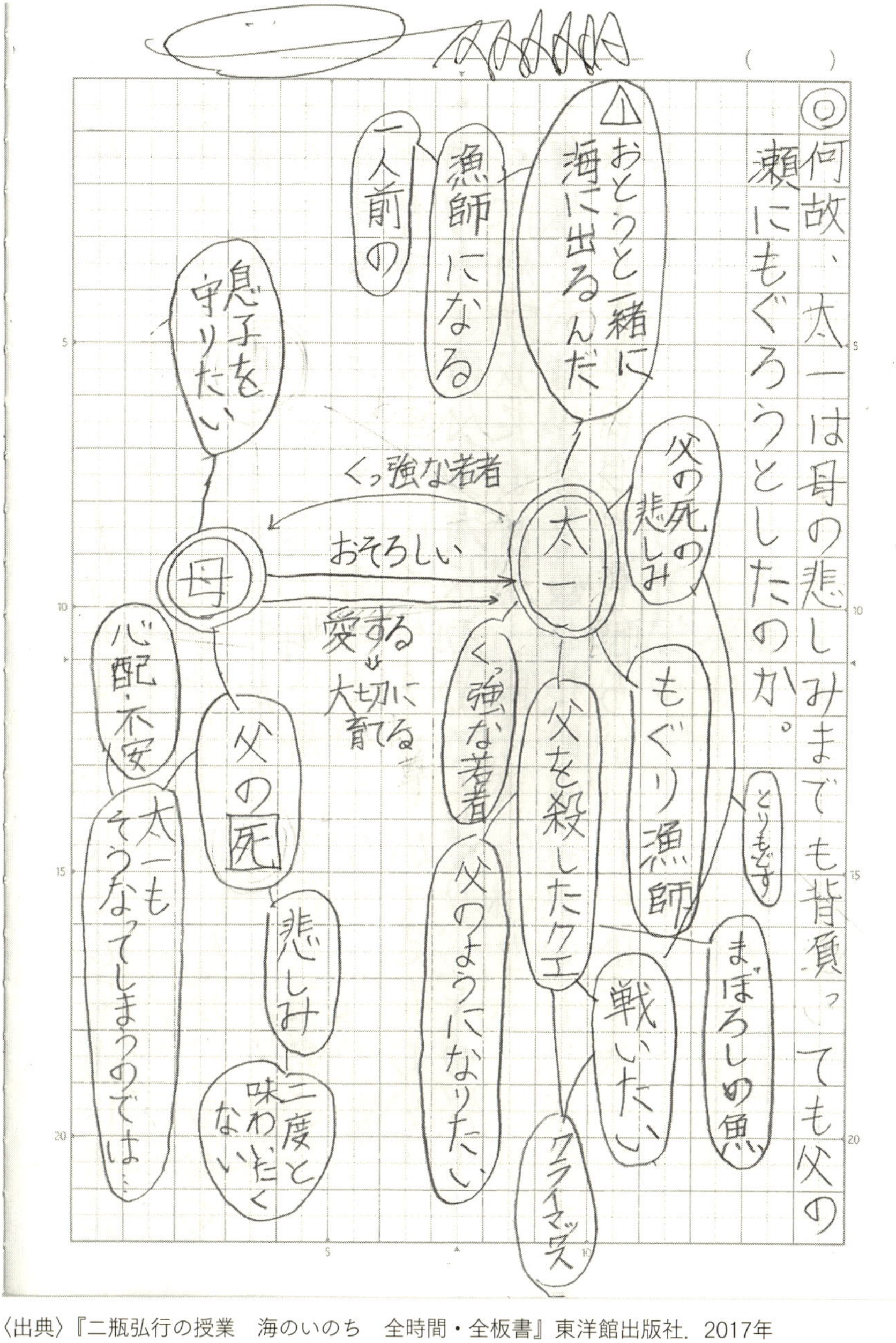

〈出典〉『二瓶弘行の授業　海のいのち　全時間・全板書』東洋館出版社．2017年

6 「作品全体が分かる」というゆとり 【作品の構造の把握】

5STEPの後半の活動で、中心人物の変容が分かる言葉を熱心に探している子どもたちを見て感じたことは、詳細な読みに安心して取り組めているのは、5STEPの前半の活動で、作品全体の構造を把握しているからだということです。

第3章で触れたように「自力読み」ベースの授業では、中心人物の変容を捉える活動をSTEP④、作品の主題を書く活動をSTEP⑤で行います。つまり、物語を詳しく読み取ることを単元の後半で行い、前半はそのために作品の全体像を捉える活動をします。前半の活動のまとめとして行う「作品の星座」(図22)は、いわば読みのプロット図です。作りながら、どの言葉がどの辺りにあるかが把握されます。作品全体を鳥の目で俯瞰し、虫の目で一つ一つの言葉を吟味するという二つの目から見られるようになるわけです。そこからゆとりが生まれ、根気良く作品の言葉と向き合えるのだと考えています。

学期に1回しかない物語の読解単元で、この「ゆとり」を与えていくには、高学年になっていきなり始めても無理です。ボーン①の一つ目の観点「物語の構成」として低学年の頃から「場面」意識をもたせながら、六年間かけて計画的・系統的に育成するようにします。

図22　子どもが作成した作品の星座（客観編）「世界でいちばんやかましい音」

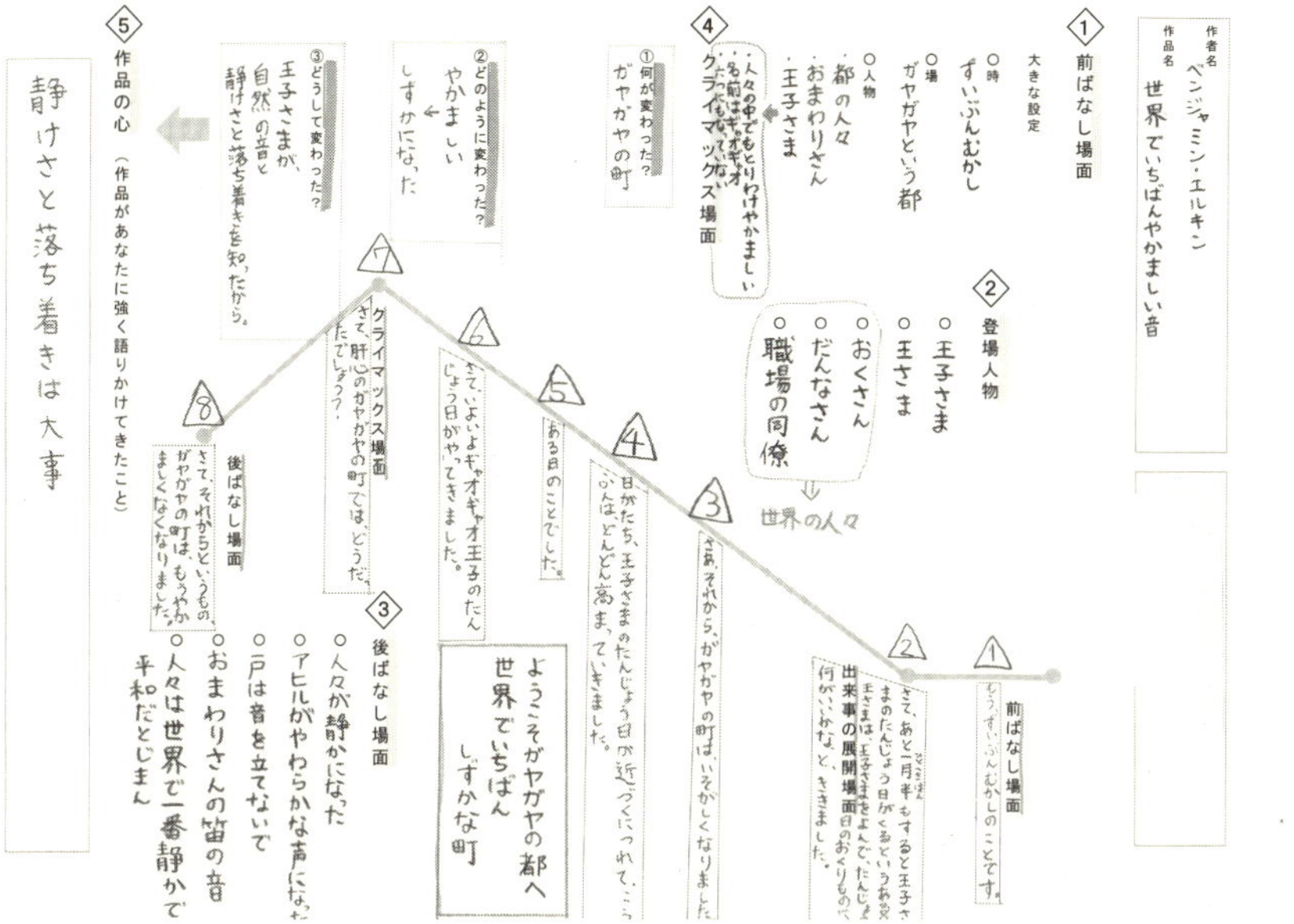

図23　ステップ①〜③の板書

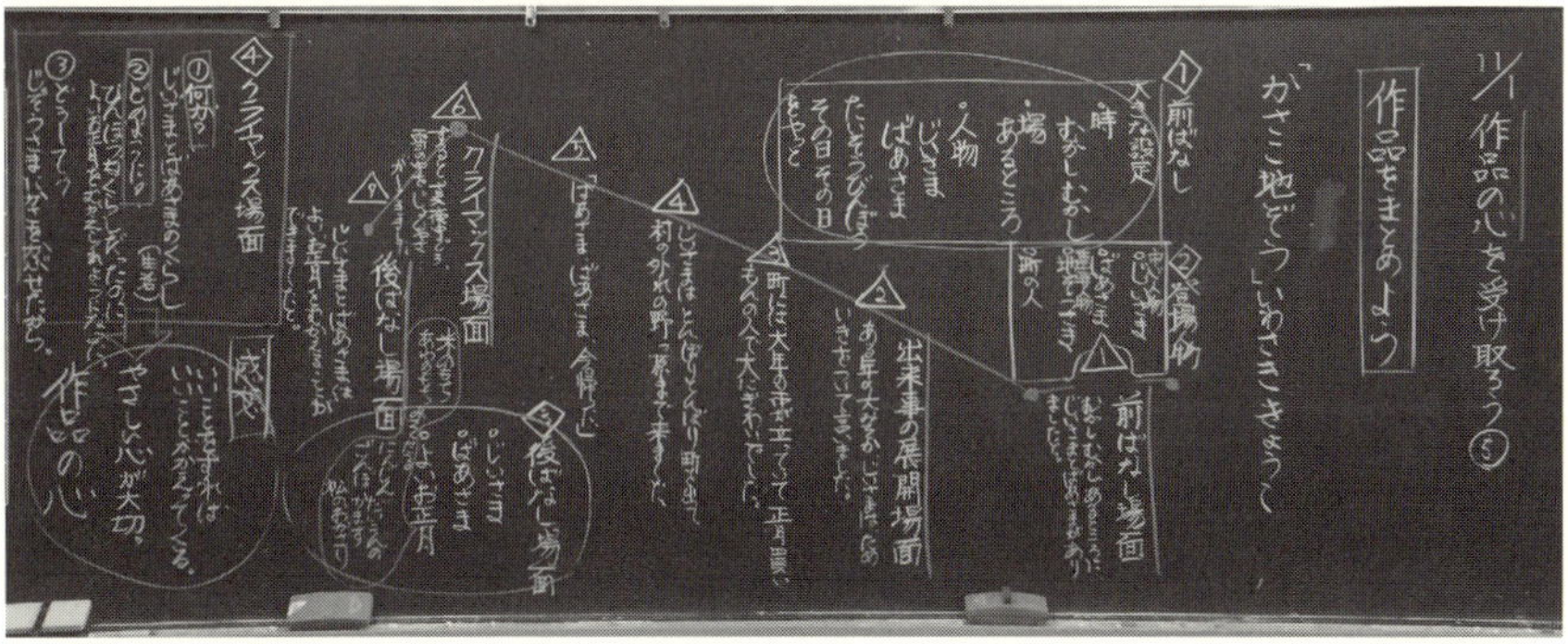

7 「私の作品」という自己肯定感 【作品の心の創作】

STEP⑤作品の心の創作の活動では、自分の読みを総括し、短い言葉にまとめます。そしてお互いの作品の心を語り合います。仲間と調べた言葉と言葉のつながりを頭に入れながら、作品が語りかけてくるものを自分なりの作品の心をまとめることができたなら、「確かに作品を自分のものにした」という肯定的な感情を抱くでしょう。私は、このSTEP⑤でお互いの作品の心を共有する活動で、「私は精一杯読んでこう考えたよ」、「私のものと違うけど、なるほどと思ったよ」、「それもありだね」と自信をもって語る姿を「自己肯定感」と捉えました。

説明文であれば、筆者の主張を正確に読み取ることが読解の目的なので一つに収束されていくでしょう。物語は自分なりの感想をもつことが読解の目的になるので、言わばオープンエンドで、どれも正解です。説明文にはない、物語の読解のおもしろさがここにあります。

道徳と比較したとき、どちらも道徳的価値を受け取るという点で同じだと考えています。ただ道徳は一つの作品で一つの価値に向かうように、中心人物に自我関与させながら進めていきますが、国語の物語の場合、大きな変容を捉えるために中心人物の心情を読み取り、最終的には、強制されることなく、一人一人が異なる道徳的価値を感じ取って構いません。

五年生の子どもたちと「かさこじぞう」を読んでいたときです。最後に一人一人が作品の心を書きました。「お互いを思いやる心」、「やさしさが大切」、「笑顔でいればいいことがある」など、私が想定した方

図24　「海のいのち」の作品の心

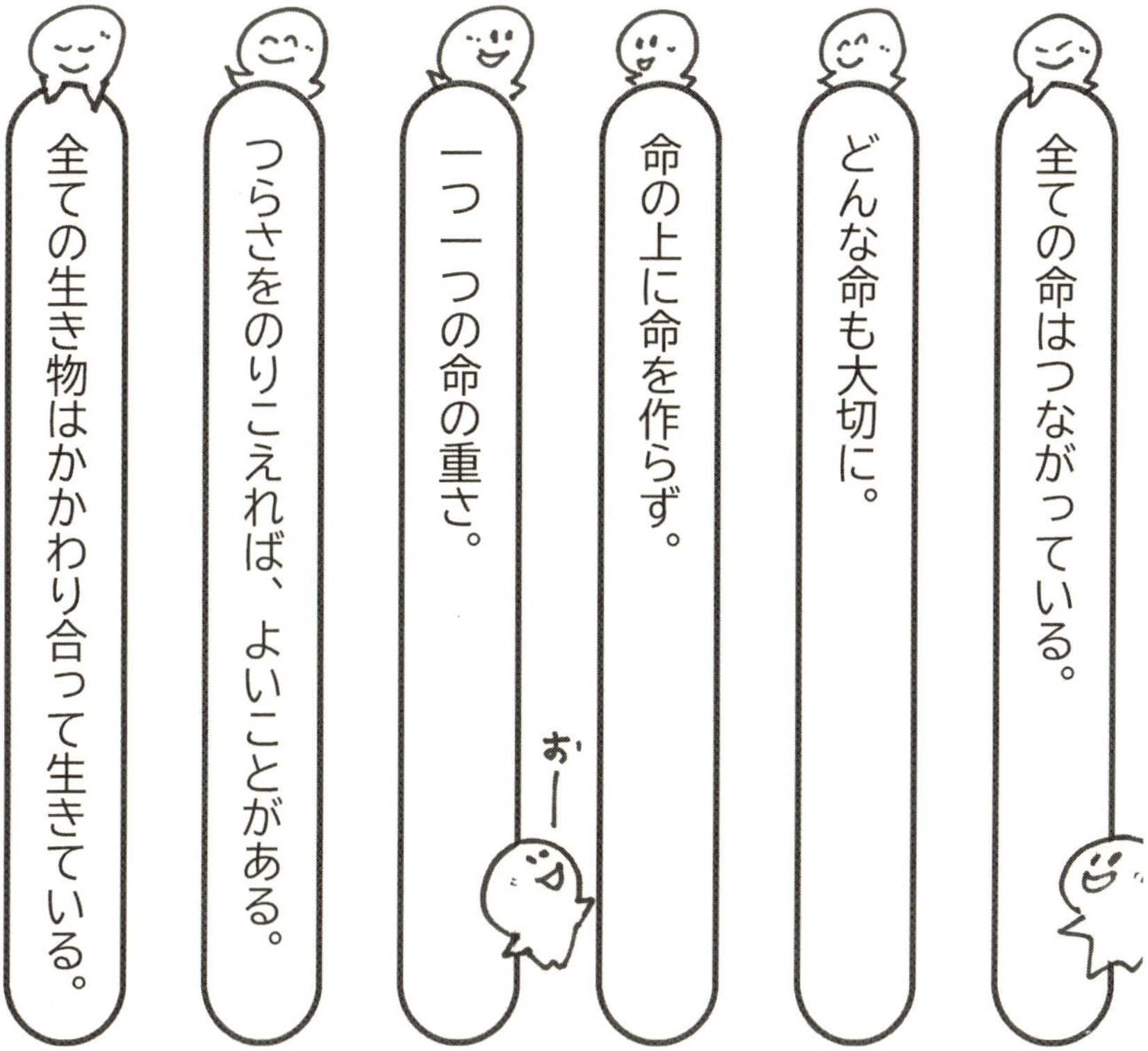
全ての命はつながっている。
どんな命も大切に。
命の上に命を作らず。
一つ一つの命の重さ。
つらさをのりこえれば、よいことがある。
全ての生き物はかかわり合って生きている。
おー

向の内容でした。一人だけ「ものの大切さ」と書いた子がいました。なぜこう書いたのか。どの言葉に注目したのか。私も子どもたちも理由を聞きました。その子は「つぎはぎの手ぬぐい」と答えました。大切な手ぬぐいを地蔵にあげたことが、幸せな正月を迎えられた大きな要因だと言うのです。確かに、破れては縫って使っていた手ぬぐいを、最後のじぞうさまにかぶせた場面には、じさまのやさしさを強く感じます。「作品の心」は、受け取る側の生活・生き方が大きく影響します。したがって一人一人が異なっていてもいいのです。仲間から自分の読みを認められること、仲間の読みを認めることが、自己肯定感を高め、人と人とをつなぐ読解力となっていきます。

第6章

新・読解力向上プログラムを活用した九つの実践

読解力向上プログラムをより効果的なものにするため、三年間で延べ四〇回以上の授業研究を重ねました。それらから、低学年・中学年・高学年三つずつ代表的な授業を選びました。授業者の解説と共に、ボーン③「教材分析表」、ボーン④「単元構想表」、そして「6　本時の計画」を載せます。

1 低学年における「時・場・人物」の授業【読みの観点②③との関連】

読解プランの低学年の重点目標は、「物語を読むことの楽しさを味わいながら『読みの観点』の基本用語を押さえ、場面の様子や登場人物を想像しながら読むことができる」ことです。この作品は、雲に乗って「うみ・むら・まち」に行く物語で、【読みの観点② 場・時】の学習に適しています。

なかがわりえこ「くじらぐも」
音読劇「たびものがたり」をつくろう
笹野 彩

教室の入口でみんなを出迎える綿の「くじらぐも」、クマやウサギなどの形をした雲の写真…。青い空の下での雲の観察…。そんな「くじらぐもワールド」との出会いからこの学習はスタートしました。物語の世界にどっぷりと浸り、叙述を基に豊かに想像を広げる姿、そしてそれを表現につなげていく姿。今回目指した「楽しみながら読みを深める」子どもの姿です。そのために、単元のゴールを「音読劇『1年2組くじらぐものたびものがたり』をつくろう」とし、「くじらぐも」の設定の中で、思い切り自分たちの空の旅を楽しませました。子どもたちは、「くじらぐも」が連れていってくれた「場」の言葉に着目し、見えたものを次々に想像しました。そして、自分の経験と結び付けながら、雲の上の楽しさや見えた景色への感動を「会話」として表現していきました。

ボーン③　教材分析表

(1)作品	「くじらぐも」なかがわりえこ	光村図書	1年
(2)作品の特徴	本作品は、体育の時間に空に現れた「くじらぐも」にみんなで飛び乗るという幻想の世界に入り、想像の世界で存分に遊んだ後に、また現実の時間と空間に戻ってくるという物語である。子どもたちとくじらぐもの心の通い合いが描かれている。 「くじらぐも」には、次のような特徴がある。①自分たちと同じ1年生のクラス全員が中心人物とされていること。②体育の時間、学校の運動場、空、雲など、物語の舞台が身近なものであること。③会話文が多く使われており、音読を通して登場人物の気持ちを考えていけること。④動作化を取り入れやすい文章表現が多いこと。⑤雲のくじらに乗って旅をする場面が端的にしか書かれていないこと。これらより、子どもたちが物語の世界に入り込み、豊かに想像を広げながら読むことができる作品であると考える。 「1ねん2くみくじらぐものたびものがたり」を作るという学習のゴールを設けることで、人・場所・時を中心とした「くじらぐも」の設定の範囲内で、子どもたちが想像を膨らませていくことを期待する。		
(3)大きな設定	① 時：4時間目	② 場：運動場、くじらぐもの上	
	③ 人：①中心人物：1ねん2くみの子どもたち　②重要人物：くじらぐも　③その他：せんせい		
(4)中心場面	①何が変わった？	子どもたちの状況が変わった。	
	②どのように変わった？	運動場からくじらぐもの上に乗ることができた。	
	③どうして変わった？	くじらぐもに乗ろうと、みんなで一生懸命ジャンプしたから。くじらぐもも応援してくれたから。	
(5)視点	三人称全知視点　　視点人物＝子どもたち、せんせい、くじらぐも		
(6)作品の心	学校の楽しさ		

(7)場面構成	後ばなし	クライマックス 終わり	クライマックス	クライマックス 始まり	出来事の展開	前ばなし
		4	3	2	1	
最初の一文		「おや、もう、おひるだ。」	「さあ、およぐぞ。」	みんなは、手をつないで、まるいわになると、「天までとどけ、一、二、三。」とジャンプしました。	四じかん目のことです。	
時の設定		四じかん目の終わり	四じかん目	四じかん目	四じかん目	
場の設定		うんどうじょう（ジャングルジムの上）	くじらぐものせなかの上	三十センチ 五十センチ 空	うんどうじょう	
人の設定		子どもたち くじらぐも せんせい	子どもたち くじらぐも せんせい	子どもたち くじらぐも せんせい	子どもたち くじらぐも せんせい	
(8)あらすじ		お昼になり、くじらぐもは子どもたちをジャングルジムの上に降ろし、空へ帰っていった。	子どもたちはくじらぐもの上に乗って、海、村、町の方へ旅をした。	くじらぐもに乗ろうと子どもたちは手をつなぎ、円い輪になって何回もジャンプした。いきなり風が子どもたちを吹き飛ばし、くじらぐもの上にのることができた。	四じかん目に運動場で体操をしていると、空に大きなくじらが現れ、子どもたちと一緒に体操を始めた。	

ボーン④　単元構想表（10時間）

次	主な学習活動	★主な発問・指示　　◎評価	◇読みの観点　◆視覚化
一　作品の全体像を調べる	①範読を聞き、初発の感想を書く。 ②挿絵を並べ替え、物語のあらすじを確認し、場面分けの根拠を明らかにする。 ③子どもたちのまねをする「くじらぐも」の様子を視写し、動作化しながら場面の様子をつかむ。	★＜活動①＞このお話を聞いて、気に入ったところや心に残ったことを書きましょう。 ◎自分の言葉で感想を書いている。（ノート） ★＜活動②＞「くじらぐも」は、どんなお話だったでしょうか。挿絵を並べ替えて、お話してみましょう。このお話は4つの場面に分かれます。いつ（時）・どこ（場）・だれ（人物）に注目して、どうしてここで場面が分かれるのか考えましょう。」 ◎物語のあらすじや、場面分けの根拠を明らかにしている。（シート・発言） ★＜活動③＞空に現れた「くじらぐも」は、子どもたちの様子を見てどんなことをしたでしょう。「くじらぐも」のしたことが分かるところを探して書きましょう。 ◎助詞「も」の使い方に気をつけ、「くじらぐも」と子どもたちのしたことや話した言葉を探して書いている。（ノート）	◇読みの観点⑤-② 物語の言葉を取り上げて感想を話すことができる。 ◆活動② 挿絵を活用する。 時・場・人を色分けして示す。 ◇読みの観点①-① 文章と挿絵から物語の流れを捕らえることができる。 ◆活動③ 子どもたちと「くじらぐも」の動きを動作化する。 それぞれの動きを分けて板書する。 ◇読みの観点⑥-① 物語には「会話文」と「地の文」の2つがあることが分かる。
二　クライマックスを考える	④「くじらぐも」に飛び乗ろうとする子どもたちの様子と、それを応援する「くじらぐも」の様子を読み取る。	★＜活動④＞子どもたちは、どうして「くじらぐも」に乗ることができたのでしょう。 ◎子どもたちの気持ちの高まりと、応援する「くじらぐも」の様子を読み取ることができる。また、音読や動作化をしている。（吹き出しシート・音読・発言）	◆活動④ 吹き出しシートを活用する。 声の大きさを文字の大きさで示す。 ◇読みの観点②-① 各場面の「時」や「**場**」を表す言葉を見つけ、場面の情景を正しく想像することができる。
	⑤空を旅する子どもたちの会話を想像する。 **【本時】**	★＜活動⑤＞「くじらぐも」に乗った子どもたちは、何をしているでしょう。何が見えるでしょうか。どんなことをお話しているか、吹き出しシートに書きましょう。 ◎子どもたちの話していることを考えて、吹き出しシートに書いている。（吹き出しシート・発言）	◆活動⑤ 子どもたちの写真を貼った大きな「くじらぐも」を掲示する。 吹き出しシートを活用する。 ◇読みの観点②-① 各場面の「時」や「場」を表す言葉を見つけ、場面の情景を正しく想像することができる。
	⑥「くじらぐも」と別れるときの子どもたちの気持ちを考える。	★〈活動⑥〉ジャングルジムにおろしてもらった子どもたちは、「くじらぐも」に何と言っているでしょうか。吹き出しシートに書きましょう。 ◎「さようなら。」の続きを考えて、吹き出しシートに書いている。（シート）	◆活動⑥ 吹き出しシートを活用する。
三　作品全体をまとめる	⑦「くじらぐも」に手紙を書く。 ⑧⑨音読劇「1ねん2くみ　くじらぐものたびものがたり」を作る。 ⑩音読劇をみんなで発表し合う。	★＜活動⑦＞空の旅での思い出などを入れて、「くじらぐも」に手紙を書きましょう。 ◎旅の思い出などを入れて、自分の言葉で「くじらぐも」に手紙を書いている。（シート） ★〈活動⑧⑨〉今まで書いた吹き出しや手紙の言葉を入れて、「1ねん2くみくじらぐものたびものがたり」を作りましょう。 ◎せりふや歌などを入れながら、楽しんで音読劇を作っている。（観察） ★〈活動⑩〉「1ねん2くみくじらぐものたびものがたり」の発表会をしましょう。他の班の発表で、よいと思ったところはどこでしょう。 ◎友だちの作った音読劇のよさを見つけている。（観察、発言）	◆活動⑦◇読みの観点⑤-② 物語の言葉を取り上げて感想を話すことができる。

本時の計画（5／10時間目）

(1) ねらい　叙述に基づき、「くじらぐも」に乗った子どもたちになって会話を想像し、吹き出しに書いたり発表したりすることができる。

(2) 展開

本時は、「くじらぐも」の背中に乗ってみんなで旅をする夢あふれる楽しい場面である。4時間目の途中から4時間目が終わるまでという短い時間の中で、子どもたちは雲の上からいろいろな景色を見たり、みんなで歌ったりして空の旅を思いっきり楽しむのである。「くじらぐも」の叙述と、自分の経験を結び付けることで、豊かに想像を膨らませ、読みを深めることができると考える。そのために、本時では次の手立てを行う。

叙述に即して読むために（「時」「場」への着目）
＊「ダウトをさがせ」を授業前に行う。全体のあらすじの確認とともに、「時」や「場」に関係する言葉を取り上げ、本時の課題のヒントとなるようにする。（「四じかん目」「もう、お昼だ。」「四じかん目の終わりのチャイム」「あおいあおい空」「どこまでもどこまでも」など

結び付ける

読みの深まり

経験を想起させ、イメージを豊かにするために
＊実際の雲を観察したあとの雲のイメージマップを掲示しておく。
＊みんなの写真を乗せた綿のくじらぐもを黒板の上に掲示し、空から見下ろしたイメージをもたせやすくする。

時	学習活動	○主な働きかけ　・予想される児童の反応	●支援等　◎評価
	・音読をする。	○「くじらぐも」を音読しましょう。	
	・「ダウトをさがせ」ゲームをする。	○まず、「ダウトをさがせ」ゲームをします。先生が間違えて読んだら、「ダウト！」と教えてください。	●本時の課題にせまっていくために、子どもたちのイメージを広げるもの、「時」や「場」に関係するものを取り上げる。
5	①前時の学習を振り返り、本時の学習課題を確認する。	○昨日は、みんなで力を合わせてジャンプして、「くじらぐも」の上に飛び乗るところを学習しましたね。今日は、いよいよ「くじらぐも」に乗って空の旅に出発する場面です。 **「くじらぐも」の背中に乗って空の旅をしている子どもたちは、どんな様子か考えよう。**	●「くじらぐも」に乗っていることをイメージさせるために、みんなの写真を貼った綿の「くじらぐも」を掲示する。
15	②「くじらぐも」から見えるものを想像し、発表する。 ★自己内対話 ★ペア対話 ★全体対話	○3の場面を全員で音読しましょう。 ○「くじらぐも」に乗って子どもたちは何をしているでしょう。 ・ジャンプしている。・きれいな景色を見ている。 ・お昼寝している。・転がって遊んでいる。 ○「くじらぐも」は、みんなをどこに連れて行ってくれたのでしょう。 ・うみのほう、むらのほう、まちのほう。 ○子どもたちは、何が見えたでしょう。 ・うみのほう…大きな船、イルカ、魚がいっぱい。 ・むらのほう…美山公園、温泉、クマ、紅葉 ・まちのほう…車がいっぱい、学校、みんなの家	●雲の上での会話について想像を広げやすくするために、「子どもたちがしていること」を出し合う。また、「うみのほうへ、むらのほうへ、まちのほうへ」の叙述から、「雲の上から見えたもの」を出し合い共有する。
15	③子どもたちの会話を想像し、吹き出しに書いたり発表したりする。 ★自己内対話 ★全体対話	○「くじらぐも」に乗って、空の旅をしている子どもたちは、どんなお話をしているでしょう。吹き出しにかきましょう。 ・海がきれいだな。大きな魚が泳いでいるよ。 ・トランポリンしてみたよ。楽しいなあ。 ・糸魚川小学校が見えるよ。上から見るとおもしろいなあ。	◎「くじらぐも」の旅で見えたものを想像し、吹き出しに書くことができる。（シート、発言）
10	⑥せりふを入れて音読する。	○楽しい空の旅の様子が伝わるように、いくつかせりふを入れて、3の場面を読みましょう。	

2 低学年における「人物」の授業【読みの観点①③との関連】

低学年では、【読みの観点③ 人物】において、「②登場人物の中で、最も詳しく描かれている人物を『主人公』と呼ぶことを知る」ことを目標とします。授業者は、「おかみさん」と「たぬき」のどちらを主人公（中心人物）として教えるかを悩んでいました。確かに、「お手紙」のがまくんとかえるくんのように、一見どちらかのように見えて、実は二人とも変容している作品です。この場合、「物語の初めと終わりで気持ちが変わった」ということをしっかり押さえればよいのではないかと考えます。

きしなみ「たぬきの糸車」 おはなしをたのしもう

太田 有美

子どもたちは、おかみさんの気持ちが、「憎い→かわいい→かわいそう→すごい」と変化したことに気付くことができました。しかしそれは、私がおかみさんの気持ちを中心に読み取らせてきたからです。一方のたぬきの気持ちも「いたずらしている→わなから助けてもらって嬉しい→恩返しに糸をつむぐ」と大きく変化しています。初めて「主人公」という用語を学習する段階で、どちらを主人公にするか悩みました。主人公が「気持ちが変化する人」であるならば、①おかみさんとたぬきの両方の気持ちを追う。②主人公はおかみさんなのか、たぬきなのか、子どもが自分の考えをもつ。③意見を交流する。④全体で主人公を考える、という学習の流れにした方が、より考えを深められたのではないかと反省しています。

ボーン③　教材分析表

<table>
<tr><td>(1)作者・作品</td><td colspan="7">きしなみ「たぬきの糸車」</td></tr>
<tr><td>(2)作品の特徴</td><td colspan="7">この作品は、中心人物である「おかみさん」を視点人物として三人称で描かれている。
秋の毎晩、いたずらもののたぬきが糸車を回すまねをする姿に、おかみさんは、かわいく思い始める。それで、きこりがしかけたわなにかかったたぬきを逃がしてやる。冬から春になり、たぬきが自分と同じように糸車を回して糸をつむぐ姿を見て、おかみさんは、驚き感心してしまう。憎めないたぬきと人のよいおかみさんとの温かい交流の姿が人里離れた山おくの一軒家(こや)を舞台に描かれていて、児童は、時にはたぬきになり、時にはおかみさんになりながら、読み進めていくと思われる。
作品全体は6つの場面で構成され、第6場面が「山場」となる。後ばなしはない。各場面を「時」で区切ることができるので、児童にはとらえやすい。しかし、見方を変えると、中心人物がたぬきに成り得る作品であるので、場面分けで中心人物を押さえておくことが大切である。</td></tr>
<tr><td rowspan="2">(3)大きな設定</td><td>時</td><td colspan="2">むかし</td><td>場</td><td colspan="3">山おくのこや</td></tr>
<tr><td>人物</td><td colspan="6">①中心人物:おかみさん　②重要人物:たぬき　③その他:きこり</td></tr>
<tr><td rowspan="3">(4)中心場面</td><td colspan="2">①何が?</td><td colspan="5">たぬきに対するおかみさんの心</td></tr>
<tr><td colspan="2">②どのように?</td><td colspan="5">いたずらもののたぬきが憎らしい (→糸車を回すまねをするたぬきがかわいい)
→　恩返しをするたぬきに感心する</td></tr>
<tr><td colspan="2">③どうして?</td><td colspan="5">おかみさんのように、たぬきが上手な手つきで糸車を回して糸をつむぐ姿を見たから。</td></tr>
<tr><td>(5)視点</td><td colspan="7">三人称限定視点　　　視点人物＝おかみさん</td></tr>
<tr><td>(6)場面構成</td><td><結末>
後ばなし</td><td><山場>
クライマックス</td><td colspan="4"><展開>
出来事の展開</td><td><設定>
前ばなし</td></tr>
<tr><td>①構造曲線</td><td></td><td colspan="6"></td></tr>
<tr><td>②場面の「時」</td><td></td><td>はる</td><td>ふゆ</td><td>あるばん</td><td>まいばんまいばん</td><td>ある月のきれいなばん</td><td>むかし</td></tr>
<tr><td>③場面の「場」</td><td></td><td>山おくのこや</td><td>村</td><td>こやのうら</td><td>山おくのこや</td><td>きこりふうふがすむ山おくのこや</td><td>ある山おく</td></tr>
<tr><td>④場面の「人」</td><td></td><td>きこり
おかみさん
たぬき</td><td>きこり
おかみさん</td><td>おかみさん
たぬき</td><td>おかみさん
たぬき</td><td>おかみさん
たぬき</td><td>きこり
おかみさん
たぬき</td></tr>
<tr><td>(7)あらすじ</td><td></td><td>おかみさんがそっとのぞくと、たぬきがおかみさんと同じ上手な手つきで糸をつむいでいた。おかみさんがのぞいていることに気付いたたぬきは、ぴょんぴょこおどりながら山へ帰っていった。</td><td>冬になり、きこりの夫婦は村へ下りて行った。</td><td>きこりがしかけたわなにかかったたぬきを、おかみさんは逃がした。</td><td>糸車に心を惹かれて毎晩やってきて糸車を回すまねをするたぬきを、おかみさんはかわいく思い始めた。</td><td>糸車を回すまねをするたぬきの影を見て、おかみさんは、吹き出しそうになった。</td><td>山おくの一軒家(こや)に住むきこりの夫婦のもとへたぬきが毎晩いたずらにやってくるので、きこりはわなをしかけた。</td></tr>
</table>

ボーン④　単元の構想

次	主な学習活動	★主な発問・指示　　☆評価	◇論理的思考 ◆視覚化
一　作品の全体像を確認する（三時間）	①教師の範読を聞いて、初発の感想を書く。 ・「登場人物」と「主人公」について考える。	★＜活動①＞「たぬきの糸車」を読んでみて、好きなところや、おもしろいと思ったところを書きましょう。 ☆お話を読み、自分の言葉で感想を書くことができる。	◆「（叙述）というところが、（感想）だった」という形を与えて感想を書かせる。
	②「時（いつ）」に注目して、場面を六つに分ける。	★〈活動②〉「いつ（時）」に注目して、場面を分けましょう。（自分で考える→ペアで相談） ☆自分で考えたり、友だちの意見を聞いたりして、場面を分けることができる。	◇活動② 論思③「きまりと活用」→前教材で習得した「時」「場」「人物」に着目して場面分けをするきまりを活用する。
	③おかみさんが住んでいる家の様子を想像したり、たぬきがするいたずらがどんなものか考えたりする。	★〈活動③〉おかみさんは、どんなところで暮らしているでしょうか。「山奥の一軒家」という言葉から想像してみましょう。 　たぬきは、どんないたずらをするでしょうか。 ☆おかみさんの暮らしを想像することができる。	◆初回は教科書を用いて音読を行い、活動②から全文プリント、活動③からは、全文プリントとマイ絵本を併用する。
二　クライマックス場面を考える（四時間）	④毎晩いたずらをするたぬきのことをおかみさんはどう思っていたか考える。（第1場面）	★〈活動④〉　毎晩いたずらをするたぬきのことを、おかみさんはどう思っていたでしょうか。 ☆場面の様子を想像したり、おかみさんの気持ちを考えたりすることができる。	◆場面ごとに、イラストと吹き出しが書いてあるシートに考えを書き込んでいき、マイ絵本に貼り付ける。 ◇活動④⑤ 論思①「具体と抽象」→本文には書かれていない登場人物の気持ちを、叙述を基に具体的に考える。
	⑤糸車を回すまねをするたぬきと、それを見ているおかみさんの気持ちを考え、音読を工夫する。　（第2，3場面）	★〈活動⑤〉糸車を回すのを見ているたぬきは、どんなことを思っているでしょうか。吹き出しに書きましょう。 　糸車を回すまねをするたぬきを見ているおかみさんはどんなことを思っているでしょうか。吹き出しに書きましょう。 ☆たぬきとおかみさんがどんなことを思っているか、想像して書くことができる。	
	⑥わなにかかったたぬきを逃がしてやったおかみさんの気持ちの変化を読み取り、そのときの気持ちが表れるように音読する。（第4，5場面）	★〈活動⑥〉おかみさんは、憎いはずだったたぬきを、どうして逃がしてやったのでしょうか。 ☆おかみさんの気持ちの変化に気付くことができる。	
	⑦場面の様子やおかみさんの気持ちを想像しながら、おかみさんの心の変化に気付く。（第6場面）【本時】	★〈活動⑦〉おかみさんは、自分と同じように上手な手つきで糸をつむいでいるたぬきを見て、どんなことを思ったでしょうか。 　この物語で一番気持ちが変化したのは、おかみさんとたぬきのどちらですか。主人公はだれでしょうか。 ☆おかみさんの気持ちを想像し、おかみさんの心の変化に気付くことができる。	◇活動⑦ 　論思④「因果関係」→クライマックス場面で、おかみさんの気持ちが「どうして」「どのように」変わったのか考える。
三　作品全体をまとめる（二時間）	⑧⑨読み方を工夫して音読練習をする。	★〈活動⑧⑨〉これまで勉強してきたことや吹き出しに書いたことを生かして、工夫して音読をしましょう。 ☆声の大きさや速さに気を付けて音読をしている。	
	⑩⑪音読発表会をする。	★〈活動⑩⑪〉マイ絵本音読会をしましょう。 聞く人は、工夫していていいなと思うところを見付けながら聞きましょう。 ☆工夫して音読したり、友だちのよいところを探しながら聞いたりしている。	◇活動⑩⑪ 　論思②「類似と比較」 →お互いの音読の工夫の似ているところや違うところを感じる。

本時の計画

(1)ねらい　場面の様子やおかみさんの気持ちを想像し、おかみさんの心の変化に気付くことができる。

(2)展開

はじめに、「読みの観点」に基づき、6場面の設定「時（いつ）・場（どこ）・人物（だれ）」を確認する。場面分けの際に一度確認しているが、折に触れて「時・場・人物」を確認し身に付けさせたい。ここでは、特に「時」に着目し、雪が降り、村へ下りた冬（5場面）から時が経ち、春になって山奥の一軒家へ戻ってきたという時間の経過をしっかりとおさえたい。

次に、たぬきが上手に糸をつむぐ姿を見たおかみさんが、どんなことを思っているか、気持ちを想像して吹き出しシートに書かせる。これまでに、たぬきに対して「憎い」、「かわいい」、「かわいそう」というように、おかみさんの気持ちは少しずつ変化してきていることを確認し、これまでいたずらばかりやっていたたぬきが糸車で糸をつむぐ姿に感心する気持ちを理解させたい。また、一次の学習時に、主人公はおかみさんなのか、たぬきなのか、疑問を残したままにしている。おかみさんの気持ちの変化を理解することで、主人公がたぬきではなく、おかみさんだということも理解させたい。

時	学習活動	○主な働きかけ　・予想される児童の反応	◇支援　◆評価
10	①全文を音読する。 ②前時までの学習を振り返る。	○隣の人と丸読みをしましょう。 ○これまでは、冬になってきこりの夫婦が村へ下りていったところまで勉強しましたね。今日は、6の場面を学習します。今日のめあては、「場面の様子やおかみさんの気持ちを想像しよう。主人公の謎を解こう。」です。	◇既習事項を掲示物を使って振り返る。
	③本時の学習課題を確認し、本時の場面を音読する。	○6の場面は、おかみさんがどんな気持ちになるか、考えながらみんなで音読をしましょう。	
20	④場面の様子や、主人公の気持ちを想像する。	○6の場面の「時、場、人物」を確認しましょう。 ○たぬきは、破れ障子の穴からのぞいて、糸車を回すまねをしていただけだったのに、どうして上手に糸を紡いでいるのでしょうか。 ・毎日通って、おかみさんが糸車を回すところをよく見ていたからです。 ・きこりの夫婦が一軒家にいない間に、糸車を毎日回していたからです。 〈発問1〉おかみさんは、自分と同じように上手な手つきで糸をつむいでいるたぬきを見て、どんなことを思っているでしょうか。 ・糸車を回せるなんて、すごいな。 ・いたずらばかりすると思っていたけど、いいところもあるな。 ・やっぱりたぬきはかわいいな。 ○そう思ったのは、たぬきがどんなふうに糸を紡いでいたからですか。全文プリントから見付けましょう。 ・「じょうずな手つきで」というところです。 ・「おかみさんがしていたとおりに」と書いてあるから、おかみさんみたいに丁寧にやっているところだと思います。	◇冬（5の場面）から春（6の場面）になるまでの時間の経過の長さをカレンダーを掲示して感じさせる。 ◆場面の様子やおかみさんの気持ちを想像している。（発言、シート） ◆おかみさんのたぬきに対する気持ちが変化した理由となる部分を全文プリントから見付けることができる。（発言、シート）
10	⑤主人公を確認する。	〈発問2〉主人公は、おかみさんなのか、たぬきなのか、まだ分らないままでしたね。気持ちが大きく変わったのは、おかみさんでしょうか。たぬきでしょうか。 ・おかみさんは、最初たぬきのことをいたずらものだと思っていたのに、6の場面ではすごいと思っているから、おかみさんだと思います。 ・たぬきも変わっているような気がするな。どっちだろう。	◇主人公の定義を確認し、気持ちの変化に注目して考えさせる。たぬきだという意見が出たら、おかみさんの視点で描かれていることを教える。 ◆おかみさんの気持ちの変化に気付き、主人公がおかみさんであることが分かる。（発言、観察）
5	⑥学習のまとめと音読	○最後に、吹き出しに書いたことを生かしながら音読をしましょう。	

(3)評価

・場面の様子や行動から、おかみさんの気持ちを想像して書くことができる。（シート）

・おかみさんの気持ちの変化やその理由に気付き、主人公がおかみさんであることが分かる。（観察）

3 低学年における「大切な場面」の授業　【読みの観点①②との関連】

【読みの観点① 物語の構成】の低学年の目標は、「③あることが大きく変わる場面を『いちばん大切な場面』としたとき、何場面になるかが分かる」ことです。子どもたちにとっては、この単元では音読劇を成功させるという動機が学習意欲を支えます。自分たちで分けた場面に合わせてグループをつくり、会話文（登場人物別）と地の文の担当を決めて行えば、表現力と読解力を関連付けた活動になります。

アーノルド・ローベル「お手紙」　音読劇をしよう

太田　有美

友だちや家族から「手紙」をもらったことがある子どもたち。「手紙をくれる人は仲よしな人」とすれば、一度も手紙をもらったことがないがまくんは、「自分には手紙をくれるような仲よしな友だちがいない」と思ったのだと捉えました。一番大切な場面（四場面）では、一場面で「ぼくになんて手紙が来るはずない」と不幸せな気持ちだったがまくんが、まだ手紙をもらっていないのに幸せな気持ちに変化します。それは、手紙をもらうことよりも、かえるくんが自分のことを「親友だと思っている」と手紙に書いてくれたことの方に感動したからです。そこを子どもたちにどう読み取らせるか、一番大切な場面にいかに注目させるか、その手立てに悩みました。ゆさぶり発問となる「三択クイズ」を考えることにより、再度叙述に立ち返ったり、大切な言葉に着目したりしながら読みを深めたりする子どもたちの姿を目指します。

ボーン③　教材分析表

(1)作品	「お手紙」 アーノルド＝ローベル	光村図書	2年

(2)作品の特徴	「お手紙」は、友だちの「ふしあわせ」を一緒に悲しみ、最後は「しあわせ」を共に喜ぶほのぼのとした心情を描いた作品である。4日遅れの、しかも内容も分かっている「お手紙」を仲よく待つ2人の登場人物の心の交流は、読み手まで幸せな気持ちにさせる。全文は、ほぼがまくんとかえるくんの会話を中心に展開されており、登場人物の心情に共感しやすく、会話文や行動から想像を広げながら読み進めていくことができる。 さらに、がまくんとかえるくんの2人の登場人物の行動を中心に、「時(いつ)」や「場(どこ)」の移り変わりがはっきりと描かれている。作品全体は6つの場面で構成され、第4・5場面が「山場」となる。前ばなし(人物や場の説明)はない。「時(いつ)」「場(どこ)」「人物(だれ)」に着目しながら読むことで、場面の移り変わりを容易にとらえることができると考える。

(3)大きな設定	① 時	大きな設定では「なし」	② 場	がまくんの家(げんかんの前)、かえるくんの家、外
	③ 人	①中心人物：がまくん　②重要人物：かえるくん　③その他　かたつむりくん		

(4)中心場面	①何が変わった？	がまくんの気持ち
	②どのように変わった	ふしあわせな気持ちから、しあわせな気持ちに変わった。
	③どうして変わった？	かえるくんから手紙をもらえることと、そこに「親友」と書かれていることを知ったから。

(5)視点	三人称全知視点
(6)作品の心	親友がいてくれることの喜び

(7)場面構成	後ばなし	クライマックス		出来事の展開			前ばなし
	6	5	4	3	2	1	
最初の一文	四日たって、かたつむりくんが、がまくんの家につきました。	それから、ふたりは、げんかんに出て、お手紙が来るのをまっていました。	それから、かえるくんは、がまくんの家へもどりました。	かえるくんは、家からとび出しました。	かえるくんは、大いそぎで家へ帰りました。	がまくんは、げんかんの前にすわっていました。	
時の設定	四日たって						
場の設定	がまくんの家（げんかん）	がまくんの家のげんかん	がまくんの家	外	かえるくんの家	がまくんの家のげんかん	
人の設定	がまくん（かえるくん）かたつむりくん	がまくん かえるくん	がまくん かえるくん	かえるくん かたつむりくん	かえるくん	がまくん かえるくん	
(8)あらすじ	かたつむりくんから手紙を受け取り、がまくんはとても喜んだ。	がまくんとかえるくんは、しあわせな気持ちで、手紙がくるのを待っている。	かえるくんは、がまくんの家で手紙を待ちながら懸命にがまくんを励ます。黙っていられず、がまくんに手紙を書いたことを知らせ、がまくんはしあわせな気持ちになる。	かえるくんは、書いた手紙を届けるよう、かたつむりくんに頼む。	かえるくんは大急ぎで家に帰り、がまくん宛てに手紙を書く。	一度も手紙をもらったことのないがまくんが、かえるくんと玄関の前に座り、手紙がくるのをふしあわせな気持ちで待っている。	

ボーン④　単元の構想（14時間）

次	主な学習活動	★主な発問・指示　◎評価	◇読みの観点　◆視覚化
一 作品の全体像を調べる（四時間）	①範読を聞き、初発の感想を書く。 ・音読劇をすることを単元のめあてに設定する。	★＜活動①＞「お手紙」を聞いて、気に入ったところや、心に残ったことを書きましょう。 ◎物語の中にある言葉を使って、感想をシートに書いている。（シート）	◇読みの観点⑤-② 物語の中にある言葉を使って、感想を書くことができる。 ◆活動①から、全文プリントを使う。
	②地の文と会話文を区別し、会話文は誰の言葉かを確かめる。 ・音読練習をする。	★＜活動②＞これは誰の会話文でしょうか。「」のついていないのは何文でしょうか。 ◎誰の会話文かを叙述から区別し、全文プリントにシールを貼っている。 ◎会話文と地の文を区別している。（全文プリント）	◇読みの観点⑥-① 「会話文」と「地の文」の2つがあることがわかる。
	③④「いつ・どこ・だれ」の観点で、6つの場面に分ける。	★＜活動③④＞「お手紙」の場面分けをしましょう。 ◎場面分けをした根拠を、叙述を挙げて明らかにしている。（全文プリント・発言・観察）	◇読みの観点①-② 時・場・人物の3観点から物語全体をいくつかの場面に分けることができる。
二 クライマックス場面を考える（五時間）	⑤がまくんの「かなしい・ふしあわせな気持ちのわけ」を考え音読を工夫する。（1の場面）	★＜活動⑤＞どうして、がまくんはふしあわせなのでしょうか。がまくんの気持ちが表れるように、工夫して音読しましょう。 ◎がまくんのふしあわせな理由を考え、音読の仕方を工夫している。（シート・観察）	活動⑤～活動⑨ ◇読みの観点②-① 各場面の「時」や「場」を表す言葉を見つけ、場面の情景を正しく想像することができる。
	⑥かえるくんの「急ぐ気持ちのわけ」を考え、音読を工夫する。（2・3の場面）	★＜活動⑥＞かえるくんは、どうして急いでいるのでしょうか。どんな気持ちでがまくんに手紙を書いたのでしょうか。 ◎かえるくんの急ぐ気持ちの理由を考え、音読の仕方を工夫している。（シート・観察）	
	⑦がまくんとかえるくんの会話から2人の気持ちを考え、気持ちが表れるように、音読を工夫する。（4の場面）	★＜活動⑦＞センテンスカードを一枚ずつ読んでみましょう。誰の会話文だったでしょうか。がまくんとかえるくんになって、動きをつけて、音読しましょう。 ◎がまくんとかえるくんの気持ちが表れる音読の仕方を工夫している。（観察）	
	⑧手紙を待つ間に2人がどんな会話をしたか想像し、そのときの気持ちが表れるように音読を工夫する。（5・6の場面）	★＜活動⑧＞5、6の場面には、会話文がありません。がまくんとかえるくんが手紙を待つ間にどんな会話をしたか、吹き出しシートに書きましょう。その気持ちが表れるように、工夫して音読しましょう。 ◎5、6の場面でがまくんとかえるくんがどんな会話をしたか想像して、吹き出しシートに書き、音読の仕方を工夫している。（シート・発言・観察）	◆6の場面の挿絵を用意する。
	⑨一番大切な場面から、がまくんの気持ちの変化を読み取り、そのときの気持ちが表れるように音読を工夫する。 **【本時】**	★＜活動⑨＞1の場面でがまくんは、ふしあわせな気持ちでした。がまくんの気持ちは、どのように変わったでしょうか。また、どうして変わったのでしょうか。 ◎いちばん大切な場面から、がまくんの気持ちが「どのように」「どうして」変わったのか考え、音読している。（シート・発言・観察）	◇読みの観点④-① 一番大切な場面で、「がまくんの気持ち」が「どのように」「どうして」変わったのか考えることができる。 ◆挿絵を使って比較する。
三 学習を生かし、音読劇をする（五時間）	⑩⑪音読劇に向けた準備・練習をする。	★＜活動⑩⑪＞これまでの学習を生かして、グループで音読劇の練習をしましょう。かえるくん、がまくん・かたつむりくん、地の文の3～4人組で練習しましょう。 ◎読み取ったことを音読に生かしている。（観察）	◆音読をするときに気をつけるポイントを、全文プリントに書き込む。 ◆お面や小道具を使う。
	⑫音読劇発表会をする。	★＜活動⑫＞音読劇発表会をしましょう。聞く人は、自分の読み方と似ているところや違うところを考えながら聞きましょう。 ◎工夫して音読劇をしている。 ◎登場人物になりきって音読している。 ◎友だちの音読劇のよさを伝え合っている。（観察）	
	⑬学習後の感想をまとめる。	★＜活動⑬＞「お手紙」を学習した感想を書きましょう。 ◎物語の中にある言葉を使ったり、学習したことを生かして感想をシートに書いている。（シート）	◇読みの観点⑤-② 物語の中にある言葉を使って、感想を書くことができる。
	⑭がまくんとかえるくんが出てくる他の作品を読む。	★＜活動⑭＞がまくんとかえるくんが出てくるお話は、まだまだあるようです。読んでみましょう。 ◎他の絵本や物語に興味をもち、読んでいる。（観察）	

本時の計画（9／14時間目）

(1) ねらい　中心人物の気持ちの変化を読み取り、音読に生かすことができる。

(2) 展開

本時は、一番大切な場面での三つの問い、「何が、どのように、どうして変わったのか」に、低学年の思考の流れに合う発問の仕方を工夫することによって、ねらいに迫っていく時間である。また、音読劇の際に心情をいかに声で表現するかという部分にも大きくかかわってくる。そこで、ねらい達成のために、以下の二つの手立てを行う。

①叙述に即して読み取るためのゆさぶり発問

子どもたちは、主人公の気持ちが変化した理由を「手紙をもらったこと」だと解釈すると考える。しかし、「まだ手紙はもらっていない」ということに気付かせるために、正解のない三択クイズを行う。答えを探すためにもう一度叙述に立ち返ろうとする気持ちを引き出すようにする。

②気持ちの変化が比較できる板書や掲示物

主人公の気持ちの変化を捉えさせるために、1の場面（不幸せ）と5の場面（幸せ）の挿絵を比較したり、心情曲線を掲示したりする。本時までに書き溜めている吹き出しなども掲示し、変化を捉えやすくする。

時	学習活動	○主な働きかけ　・予想される児童の反応	●支援等　◎評価
3	①登場人物と主人公の確認。	○登場人物は誰でしたか。 ○主人公は誰でしたか。どんな人を主人公と呼びますか。 ・主人公は、がまくんです。気持ちが大きく変わる人です。	●基本用語の定着を図るために、既習事項を確認する。
7	②がまくんの気持ちの変化を読み取り、一番大切な場面を確認する。 ★自己内対話 ★全体対話	○がまくんの気持ちはどう変わっているでしょうか。 ・不幸せな気持ちから、幸せな気持ちに変わった。 ○がまくんが、不幸せな気持ちから、幸せな気持ちにかわったのは、どうしてでしょうか。3択クイズです。 ①かえるくんが会いに来てくれたから ②かたつむりくんが、遊びにきたから ③かえるくんから手紙が来たから ・絶対③だ！　・③しかないよ。他のは文章にないよ。 ○正解はありません。がまくんに、手紙は届いていましたか。 ・届いていないな。じゃあ、どうしてだろう。もう一度読もう。	●がまくんの気持ちの変化が分かるように、1と5の場面の挿絵を活用する。 ●5の場面は幸せな気持ちでも、手紙は届いていないということにクイズを通して気付かせる。
20	③がまくんの気持ちが変化した理由を考える。 ★自己内対話 ★ペア対話 ★全体対話	**お手紙が届いていないのに、がまくんが幸せな気持ちになったのは、どうしてでしょうか。** ・「ぼくが、きみにお手紙を出したんだもの。」というところで、手紙がもらえることが分かったからだと思います。 ・ずっとお手紙がほしかったから、もらえるって分かると嬉しくなるよね。 ・「親愛なるがまくん」という、お手紙に書いてあることを聞いたからだと思うな。親友って言われると私も嬉しいと思います。 ○がまくんが幸せな気持ちに変わったことが分かる会話文はどれでしょうか。 ・「ああ。」　・「とてもいいお手紙だ。」	◎がまくんの気持ちが変化した理由を、叙述をもとに考えている。（シート・発言・観察）
15	④読み取ったことを生かして音読をする。	○どのように読んだら、がまくんの気持ちが伝わるでしょうか。考えて会話文を読んでみましょう。 ○どんな気持ちで読みましたか。	◎読み取ったがまくんの気持ちの変化を、音読に生かしている。（観察）

4 中学年における「場面の移り変わり」の授業　【読みの観点①④との関連】

【読みの観点①物語の構成】の中学年の目標は、「④『四つの基本場面』の定義が分かる」ことです。となると、クライマックス場面を決めなければなりません。五章の一で述べたように、後ばなし（結末）でもとの「臆病な豆太」に戻ってしまう流れのどの場面をクライマックス場面として教えるか悩むところです。この単元では、モチモチの木の読解に入る前に、「ソメコとオニ」や「半日村」を読み聞かせ、並行読書で斎藤隆介の作品に親しみました。

斎藤隆介「モチモチの木」　隆介作品を語る会をしよう

谷内　卓生

峠の小屋で、一つの布団を分け合って暮らしている豆太とじさま。真夜中、豆太は、苦しんでいるじさまを助けようと、泣きながら山道を駆け下ります。私は、この物語の作品の心を「人には、大切な人を守ろうとするやさしさと勇気がある」と捉え、このことが感じられるように単元を構想しました。私にとって豆太の変容を捉える理想の発問は、豆太のやさしさや勇気を考えざるを得ない発問、答え方に適度な幅がある発問、作品全体を見渡さないと答えられない発問です。本時では、後ばなしの検討も行いました。作者による「臆病な豆太に戻ってしまう後ばなし」と、私が創作した「勇気のある豆太になる後ばなし」を比較してみたのです。印象の違いを味わい、「臆病な豆太に戻ってしまう後ばなし」の方が、じさまと豆太の関りが深く感じられることを共有しました。

ボーン④　単元の構想（10時間）　※ 紙幅の都合により、本単元の教材分析表は割愛します。

次	主な学習活動	★主な発問・指示　◎評価	◇読みの観点　◆視覚化
一 作品の全体像を調べる（五時間）	①単元の目的を知り、斎藤隆介の作品を読み広げる。	★＜活動①＞今回の学習では、一人の作者の作品を読み広げるおもしろさを味わいましょう。 ・「ソメコとオニ」…中心人物はどっち？ ・「半日村」…大きく変わったことは何？ ・「花咲き山」…語り手はだれ？ ◎作品を読み、特徴をシートにまとめている。（シート）	◆作品の特徴をシートにまとめ、後からふり返られるようにする。
	②音読し，初発の感想を交流する。	★＜活動②＞今，「モチモチの木」を読んでみて，作品が自分に強く思ったり感じたりしたことは何ですか。 ◎本文中の言葉を用いて感想を書いている。（ノート）	◇読みの観点⑤－③ 印象に残った人物の言動を引用し、自分が思ったことや感じたことを感想としてまとめる。
	③-1 場面分けをする。	★＜活動③-1＞物語のいえをつくります。まず，場面の数を決めます。何場面に分けることができますか？	
	③-2 分けた場面を基本4場面に当てはめる。	★＜活動③-2＞分けた場面を「前ばなし，出来事の展開，クライマックス、後ばなし」の4つの部屋に分けましょう。	◆全文プリントを使う。
	④あらすじをまとめる。	★＜活動④＞各場面の時・場・人をまとめます。また各場面を1文にまとめましょう。それらを合わせるとあらすじになります。 ◎物語を場面ごとにまとめ、表にまとめている。（シート）	◆物語を一つのいえとして捉え，場面ごとの時・場・人物を表（家のイラスト）にまとめる。
	⑤クライマックスの問いについて考える。	★＜活動⑤＞この物語で大きく変わったことは何でしょう。それはどのように変わったのでしょう。それは，どうして変わったのでしょう。 ◎中心人物の心情の変化に着目しながら、物語全体の変化について考えている。（ノート・発言・観察）	◇読みの観点①－⑥ クライマックス場面の三つの問いについて知り、答えることできる。
二 クライマックス場面を考える（三時間）	⑥豆太とじさまが暮らしている「場」をまとめる。 ⑦季節や時刻など「時」とモチモチの木の様子についてまとめる。	★＜活動⑥＞「場」に関わる言葉を抜き出して物語の地図を作りましょう。 ★＜活動⑦＞モチモチの木は、「時」や「人物」によっていろいろな姿に変わります。まとめましょう。 ◎物語の「場」や「時」を正しく読み取っている。（シート）	◇読みの観点②－② 物語全体を通して「時」や「場」が移り変わっていることが分かる。
	⑧語り手の言葉とじさまの言葉のちがいについて考える。	★＜活動⑧＞地の文は語り手の言葉です。語り手は豆太のことをどう思っていますか。 ◎語り手とじさまのちがいに気付いている。（シート）	◇読みの観点⑥－③ 「地の文」は、「語り手＝物語を語り進める人」の言葉であることを知る。
	⑨豆太とじさまの人物像をまとめる。	★＜活動⑨＞じさまと豆太の人柄をまとめて，じさまのやさしさがわかる文ベスト3、豆太のおくびょうなところがわかる文ベスト3を決めましょう。 ◎叙述をもとに人物の性格をまとめている。（ノート・発言）	◇読みの観点③－⑥ 叙述から「中心人物」と「重要人物」の人物像をまとめることができる。
	⑩クライマックス場面の豆太の気持ちを考える。 【本時】	★＜活動⑩＞豆太の涙は、弱虫の涙なのでしょうか。そのために、家を出る前の豆太の気持ちを感がてみましょう。 ◎中心人物の弱さと強さを読み取り、峠を下りていくときの心情について考えている。（ノート・発言・観察）	◆豆太の心の様子が分かるように、各場面の豆太の挿絵を示す。教科書にはない「家を出る前の豆太」の表情を考える。
三 作品全体をまとめる（二時間）	⑪「モチモチの木」の作品の特徴を、シートにまとめる。	★＜活動⑪＞これまでの学習をふり返って、「モチモチの木」の作品シートを仕上げましょう。記録してきた作品シートから、一番心に残ったもの一つ選びましょう。 ◎作品を一つ選び、「時・場・人物」、「場面」、「前ばなし・出来事の展開，クライマックス、後ばなし」などのキーワード、生活経験と関係付けて理由を書いている。（シート・発言・観察）	◇読みの観点⑤－⑤ 単元の最初の感想と最後の感想を比較して、自分の読みの変化を書くことができる。
	⑫読書してきた作品の中から一番心に残ったものを選び、感想を交流する。	★＜活動⑫＞これから、サニーズ座談会「一番好きな隆介作品を語る会」を始めます。 ◎同一作者の作品を読み広げ、それらの特徴や感想を伝え合っている。（シート・ノート・発言・観察）	◆作品の題名と選んだ理由が書いてある短冊を黒板に貼っていく。似ているところに近付けて貼るようにする。

本時の計画（8／10時間目）

(1)ねらい　じさまを助けたい一心で小屋を出た豆太の心情を読み取った上で、後ばなしの効果について考えることができる。

(2)展開

時	学習活動	○主な働きかけ　・予想される児童の反応	●支援等　◎評価
10	①豆太の絵がどの場面に当てはまる絵なのかを考える。 ★ペア対話 ★全体対話	○まずウォーミングアップです。次の絵の豆太は、何場面に当てはまるでしょう。 絵①  絵②  絵③  ・①は、手を上げて上を見ている。木がある。地面に何か落ちている。2場面の「やい、木ぃ」のところだ。 ・②は、夜、しょんべんしているところ。だから2場面だ。 ・③は、モチモチの木の話を聞いている3場面かな。 ○次の3枚は、どの場面に当てはまるでしょう。 絵④  絵⑤  絵⑥  ・④は、誰かにおぶわれている。医者様だ。とすれば、モチモチの木を見るところだから5場面だ。 ・⑤は、おどろいている。周りが暗い。じさまが倒れたところなら4場面の最初になる。 ・⑥は、簡単。医者様のところに行くところ。4場面。 ○4場面の豆太については、4つの部屋に分ける学習をした時に2つの考えに分かれてしまった。1つは、「おくびょうなままだから豆太は変わっていない。だから4場面は『出来事の展開』」という考え。もう1つは、「勇気を出しているから豆太は変わった。だから4場面は『クライマックス』」という考え。どちらが正しいのかを考えよう。	●物語の流れを思い出せるように、中心人物の挿絵を使ったクイズを出す。 ●安心して話し合える雰囲気を作るため、クイズは、全員を立たせて、考えをもてたペアから座る方法で行う。 ●絵②は、2場面の絵だが、1場面や6場面にも当てはまることを確かめる。 ●絵③は、3場面でじさまの話を聞く豆太の絵であるが、6場面にも当てはまるという考えが出たら認める。
15	②小屋を出てふもとまで走る4場面の豆太の心情や言動を読み取る。 ★自己内対話 ★ペア対話 ★全体対話 ★全体対話	**豆太のなみだは、「弱虫のなみだ」なのか？** ・「いたくて、寒くて、こわかったから」と書いてある。はだしで走ったら、わたしだって痛い。泣くのは仕方ないと思う。 ・「大すきなじさまの死んじまうほうがもっとこわかった」と書いてある。だから、前みたいにくまやモチモチの木がこわくて泣いているんじゃないと思う。 ・本当の弱虫なら小屋に戻るんじゃないかと思う。でも豆太は、ふもとまで走り切って医者様を呼んだ。だから弱虫じゃない。 ○どうやら「弱虫のなみだじゃない」という意見が多いね。絵⑤と絵⑥の間には小屋を出る豆太の絵があります。教科書には載っていない絵。どんな豆太なのか、みんなで想像してみよう。豆太の気持ちが、もっとはっきりすると思うよ。 ・足元は「はだし」だ。「はだしのままで」と書いてあるからだ。 ・服は「ねまき」のまま。子犬みたいに体を丸めている。 ・表戸を体でふっとばすくらいの勢いで走っている。	●叙述を根拠にしながら自己内対話ができるようにするため、キーセンテンスやキーワードにサイドラインを引く活動を入れる。 ●「なきなき走った」という表現や、「〜から」という理由の表現を確かめる。

		○では、豆太の表情はどうだろう。 ・泣いていると思う。夜の山に出るのが怖いから。 ・泣いていないと思う。「じさまを助けたい」という気持ちでいっぱいだったと思う。 ○見てみよう。小屋を出る豆太は、こんな絵でした。  ○4場面をまとめよう。豆太は、じさまを助けたいという強い気持ちでいっぱいだった。だから、泣いてしまっても小屋にもどらず医者様を呼んだ。だから豆太のなみだは「弱虫のなみだ」ではない、となります。4場面は「豆太が勇気を出した場面」として「クライマックス」の部屋に入れましょう。	●イメージを明確にするために、「子犬みたいに体を丸めて」とはどんな体勢なのかを考え、動作化する。 ◎叙述を基に、4場面の豆太の様子について考えている。 （ノート、発言、観察）
20	③2つのパターンの後ばなしから、自分の好きな方を選び、その理由を発表し合う。 ★自己内対話 ★ジャム対話	○6場面をみてみよう。筆者は、どうしてこんな後ばなしにしたのだろうか。みんなが作者なら、どちらの後ばなしを選ぶかな。 **A：中心人物が変わっていない後ばなし** ―それでも、豆太は、じさまが元気になると、そのばんから「じさまぁ。」としょんべんにじさまを起こしたとさ。 **B：中心人物が変わった後ばなし** ―それから、豆太は、ぐっすりねているじさまを1回も起こさず、一人で、しょんべんに行くようになったとさ。 ・A。変わらない方がいい。豆太らしい。 ・A。好きなじさまに甘えている感じがするから。 ・A。いざってときに力が出るって話にしたいから。 ・B。クライマックス場面の勇気が生きているから。 ・B。強くなった豆太が出ているから。 ・B。読んでいてスッキリする話にしたいから。 ○後ばなしの内容で、作品の印象や伝えたいことが変わるね。Aの後ばなしだと、じさまが大好きな豆太が目立つし、Bの後ばなしだと、一人でもがんばれる豆太が目立つね。 ○作者はAだった。Aを選んだ人の理由と同じことを考えたのかもしれない。ちなみに、教科書や絵本の後ばなしの絵はどうだったか覚えている？見てみよう。	●印象の違いを感じられるように、クライマックス場面から後ばなしをつなげて音読してみる。 ●多くの意見交流ができるように、ジャム対話を行う。席を立って3人以上とペア対話をする。その後、状況に合わせて、同じ意見の仲間でグループを作ったり、少数意見の人の周りに言って内容を聞いたりする。 ◎気に入った後ばなしを選択してその理由も書き、3人以上の仲間に伝えている。 （ノート、発言、観察）

5 中学年における「場面分け」の授業【読みの観点①②との関連】

中学年では、低学年で学んだ「場面」の学習を生かして、〈STEP①場面分け〉を自力でやることに挑戦します。この授業者は、全体対話によってじっくり場面分けを考えさせたいと願い、場面数を提示する方法を取りませんでした。したがって授業では、ペア対話や全体対話を通して、全員が納得できる分け方を時間いっぱい話し合っていました。

新美南吉「ごんぎつね」 感想交流会をしよう

松葉 美紀

中学年までに身に付けたいことは、作品を基本四場面に分けることです。そのためには、物語がいくつの場面から成っているのか考えなければなりません。それが場面分けです。場面分けは、三つのことを根拠に考えます。根拠といっても、中学年にとってその言葉自体が難しいです。そこで、私の学級では、「三つのものさし（時・場・人物）」という言葉が生まれました。「時」で分けるといっても、一年、一ヶ月、一日、一時間と様々な単位があるため、最初は、膨大な数の場面になりました。それでも、根気よく続けていくと、「大きな流れで考えると、これは一つにまとめられるね」と考えられるようになります。私自身も子どもたちと一緒になって悪戦苦闘しながらここまできました。場面分けは、時・場・人物をもとに考えます。だから、どの子も叙述に即しながら読むようになります。場面分けの活動は、「自力読み」の力を育てるための入門編だと感じています。

ボーン③　教材分析表

(1)作品	「ごんぎつね」 新美南吉	光村図書	4年

(2)作品の特徴	本作品は、全ての教科書会社が採用している名作である。中心人物の「ごん」は、体は小さいが、自分のことを「おれ」や「わし」と呼ぶ大人のきつねである。ある秋の日、自分のいたずらがもとで、兵十の母親が死んでしまったと考えたごんは、兵十に償いを始める。しかし、その気持ちがなかなか伝わらない。ごんの思いが通じたのは、悲しくも兵十から銃で撃たれて自分の命が消えてしまう直前だった。 この悲劇的なクライマックスを演出している要素の一つが視点人物の転換である。第5場面まで「ごん」の視点で描かれているが、第6場面だけ「兵十」の視点で描かれている。このことで読み手は、兵十の後悔や悲しみにも共感しやすくなっている。もう一つの要素は、情景描写の巧みさである。ごんのひとりぼっちの寂しさを表す森の様子，葬式の悲しさを表すひがん花，虫の声，火縄銃の音，青いけむりなど、登場人物の気持ちが想像できる表現が作品全体に散りばめられている。

(3)大きな設定	①時の設定	昔（中山様というおとの様がおられた時代）	②場の設定	中山から少しはなれた森の中 その森の辺りの村
	③人物の設定	①中心人物　ごんぎつね　②重要人物　兵十　③その他　加助		
(4)中心場面	①何が変わった？	ごんぎつねの心		
	②どのように変わった？	ひとりぼっちだった孤独感から気付いてくれる人ができた安心感へ		
	③どうして変わった？	兵十が、いつもくりをくれたのは、自分（ごん）だと気づいてくれたから		
(5)視点	三人称限定視点　視点人物:ごん　　※ 6章（8場面）のみ視点人物が「兵十」に転換する。			
(6)作品の心	人と人との心が通じ合うことの難しさ，大切さ			

(7)場面構成	クライマックス場面	出来事の展開場面						前ばなし場面
	8	7	6	5	4	3	2	1
始まりの一文	その明くる日も、ごんは、くりを持って、兵十のうちへ出かけました。	月のいいばんでした。	次の日にも、その次の日にも、ごんは、くりを拾っては、兵十のうちへ持ってきてやりました。	次の日には、ごんは、山でくりをどっさり拾って、それをかかえて、兵十のうちへ行きました。	兵十が、赤いいどの所で、麦をといでいました。	十日ほどたって、ごんが…、弥助の家内がおはぐろを付けていました。	ある秋のことでした。	これは、わたしが小さいときに、村の茂平というおじいさんから聞いたお話です。
時	その明くる日	月のいいばん	次の日その次の日	次の日		十日ほどたって	ある秋のこと	昔
場	兵十の家	おしろの近く	兵十の家	兵十の家	兵十の家	辺りの村ごんの巣穴	村の小川のつつみ	中山から少しはなれた山の中辺りの村
人物	ごん兵十	ごん兵十加助	ごん兵十	ごん兵十	ごん兵十	ごん兵十	ごん兵十	ごん
(8)あらすじ	その明くる日も、いつものようにくりを持って兵十の家にやってきたごんを、兵十はいたずらをしに来たと思い、銃で打ってしまうが、その直後に本当のことを知り、火縄銃を取り落とす。ごんは、くりや松たけを届けているのが自分であることを兵十に最後に分かってもらえる。	不思議に思った兵十が、友だちの加助に神様のしわざと言われて「そうかなあ」といったことを知り、ごんは「ひきあわないなあ」と思う。	次の日もその次の日も、ごんは兵十にくりや松たけを届け続ける。	次の日、ごんは、うなぎのつぐないの二つめとして、くりを届けるが、前の日のいわしのつぐないが失敗だったことを知り後悔する。	自分と同じ「ひとりぼっち」の兵十に、うなぎのつぐないとして、いわし売りからいわしをぬすんであげる。	その十日後、兵十のおっかあの葬式があり、ごんは、あのうなぎは兵十がおっかあに食べさせようとしたのだと思い、うなぎをぬすんだいたずらを後悔する。	ある秋の晴れた日、ごんは兵十のとったうなぎをぬすんでしまうといういたずらをし、兵十に見つかるが逃げる。	昔、中山のお城から少しはなれた山の中に、いたずらばかりしている「ごん」というひとりぼっちの小ぎつねがすんでいた。

ボーン④　単元の構想（14時間）

次	主な学習活動	★主な発問・指示　◎評価	◇読みの観点 ◆視覚化
一 作品の全体像を調べる（八時間）	①音読し、初発の感想を書き、交流する。	★＜活動①＞今、「ごんぎつね」を読んで、強く思ったり感じたりしたことは何ですか。感想を書いてみましょう。	◇読みの観点⑤-② 物語の言葉を取り上げて感想を話すことができる。
	②語句の意味を辞書で調べる。	★＜活動②＞音読をして、分からない言葉はありませんか。辞書で調べましょう。	
	③登場人物を確かめる。	★＜活動③＞この物語の中心人物は誰ですか。重要人物はだれですか。	◇読みの観点③—⑤ 「中心人物」と「重要人物」の定義が分かる。
	④「章」と「場面」の違いを理解し、小さな場面に分ける。 【本　時】	★＜活動④＞この物語は何場面に分けることができますか。 ◎「時、場、人物」をもとに、八つの場面に分けている。	◇読みの観点①—② 時・場・人物の3観点から物語全体をいくつかの場面に分けることができる。 ◆全文プリントを使う。
	⑤それぞれの場面のごんの気持ちと行動、兵十とのかかわりを読み取り、あらすじをまとめる。	★＜活動⑤＞それぞれの場面を「時・場・人物（したこと・思ったこと）」にかかわる大切な言葉を落とさないように、なるべく短い1文にまとめましょう。 ◎叙述をもとに、ごんの気持ち・行動、兵十とのかかわりを読み取っている。	◇読みの観点④—② 場面全体を短い文にすることができる。 ◇読みの観点④—③ あらすじの定義が分かる。 ◆中心人物と重要人物のかかわりを表にまとめる。
二 クライマックス場面を考える（四時間）	⑥八つの場面を、基本4場面に分ける。	★＜活動⑥＞八つの場面を、四つの基本場面に分けましょう。	◇読みの観点④-⑤ 物語全体を四つの基本場面に分けることができる。
	⑦中心場面を考える。	★＜活動⑦＞これまで読んできたことを踏まえて、改めて考えよう。「ごんぎつね」の中心場面はどこでしょうか。	◇読みの観点③—⑥ 叙述から「中心人物」と「重要人物」の人物像をまとめることができる。
	⑧物語の「三つの大きな問い」に答える。	★＜活動⑧＞中心場面で最も大きく変わったことは何ですか。それはどのように変わったのですか。それは、どうして変わったのですか。	◇読みの観点③—⑧ 中心場面の三つの問いに答えることができる。
	⑨中心人物の心情の変化を考える。	★＜活動⑨＞ごんは、最後まで1人ぼっちだったのでしょうか。 ◎物語の「三つの大きな問い」に答えることができる。	
三 作品全体をまとめる（二時間）	⑩作品の感想を書く。	★＜活動⑩＞最後に「ごんぎつね」を読んで、強く思ったり感じたりしたことを自分の言葉でまとめてみましょう。 ◎これまでの読み取りを生かして、感想を書いている。	◇読みの観点⑤-⑤ 単元の最初の感想と最後を比較して、自分の読みの変化を書くことができる。
	⑪感想交流会をする。	★＜活動⑪＞友だちの感想と比べながら、発表し合いましょう。 ◎友だちの感想と比べながら、感想交流会をすることができる。	

本時の計画（4／14時間目）

(1) ねらい　時・場・人物の3観点から物語全体を八つの場面に分けることができる。

(2) 展開の手立て

・物語全体を1枚にまとめた「全文プリント」を活用することで、文章中の言葉に着目しやすくする。
・時・場・人物の3観点を表す言葉を○で囲むことで、場面分けの根拠を明確にする。
・意見交流を図りながら場面分けを考えるために、ペア対話やグループ対話を行う。

(3) 展開

時	学習活動	○主な働きかけ　・予想される児童の反応	●支援　◎評価
3	①学習課題を確認する。 ★グループ対話	○みんなの場面分けをもとに、4の1の場面分けを決めよう。 ・めあてをノートに書く。	●全員で学習課題を共有するため、場面分けの始めの1文や決めた三つのものさしのどれで決めたかを班で確かめる場を設ける。
15	②グループで場面分けの理由を確認する。 ★グループ対話 ③場面分けを発表する。 ★全体対話	○グループの仲間で場所と理由を確かめます。 ・2場面の始めの1文は、「ある秋のことでした。」だよね。 ・6場面は、時と場で分けたんだよね。 ○考えた場面数を発表しましょう。 場所:どの文で分けたのか？ 理由:「時・場・人物」の何で分けたのか？ ・ぼくは、ここで分けた。「時」が変わっているから。 ・「場所」が変わっているから、この文で分けた。	●始めの1文と3つのものさしのどれで決めたかが書いてあるシートをもとに発表する。 ●各班の場面分けが分かるように班ごとに色分けで示す。
20	④4の1の場面分けを決める。 ★全体対話 ★グループ対話 ★自己内対話	4の1の場面分けをしよう ○みんなの発表をもとに、色が重なっているところを確認しましょう。 ・1本目は決まっているよ。 ・次は、ある秋の・・ところだよ。 ○4本目のラインから前の部分の中に、三つのものさしをもとに見ると大きく変わったところを見つけましょう。 ・1番だなと思うな。 ・時が変わったから変わると思うな。 ○「ごんぎつね」は、時の観点を中心に八つの場面に分けることができますね。	●色がたくさんついているところを確認しながら進める。 ●みんなで決めた場面分けの最初の1文を書いた短冊をもとに考える。 ●各自で考える前に、班で考える時間を確保する。 ◎「時」の観点で物語を8場面に分けている。（全文プリント・ノート）
7	⑥本時の学習をまとめる。	○今日、学習したことを振り返りましょう。 ○次は、物語全体を知るために、場面のあらすじを書く活動をします。各場面を1文で表現します。	◎学習したことを短文で書き表している。（ノート）

6 中学年における「ファンタジー作品」の授業 【読みの観点①③との関連】

二章の3で述べたように、「現実（ふつう）→非現実（ふしぎ）→現実（ふつう）」という構造をもつファンタジー作品は、基本四場面に当てはめない方が分かりやすく、楽しめます。中学年では、「三部構成が分かり、中心人物の変容を読み取ることができる」ことを目標としました。そこで本時では、中心人物が最後に言った一言を考えるという授業をつくってみました。もし変容しているとすれば何を言ったのか、三年生なりに話し合いました。

あまんきみこ「山ねこ、おことわり」
ふしぎがある物語を読もう

谷内　卓生

ファンタジー作品には、動物が人間のように話したり、普通の人間が魔法を使えたりと、様々な「ふしぎ」が演出されています。当校の読解プランでは、「現実→非現実→現実」という場面構成をもつ作品をファンタジー作品と呼ぶことにし、その指導方法を追究しています。この三部構成に当てはまる作品は、「つり橋わたれ」、「白いぼうし」、「注文の多い料理店」、「きつねの窓」などです。しかし三年生の導入にふさわしい作品が見当たらず、教科書にはない「山ねこ、おことわり」という作品を扱うことにしました。この単元を終えたある日、数人の子どもが、家庭学習で取り組んだ自作のファンタジー作品を「私も書いたよ。先生、読んで」と見せてくれました。文章全体が三部構成で、「ふしぎ」を通して中心人物が変容している物語でした。読解の学びによって表現への意欲や技能も高めることができました。

ボーン③　教材分析表

(1)作品	あまんきみこ「山ねこ、おことわり」	教科書未掲載	3年②
(2)作品の特徴	本作品は『白いぼうし』に掲載されている。中心人物であるタクシードライバーの松井さんが、不思議なことを体験する物語の一つである。当校の「ファンタジー作品の4要素」から分析すると、①現実→非現実→現実の三場面構成が明確である、②非現実場面で空間移動している、③中心人物の心情が大きく変化する、④重要人物の容姿の変化する、という特徴があり、ファンタジー作品の読解を始める3年生にふさわしい作品だと考えた。		
(3)大きな設定	① 時　秋	② 場　りんどう橋の周り　山ねこの家	
	③ 人　①中心人物　松井さん　②重要人物　山ねこ　③その他　山ねこの妹		
(4)中心場面	①何が？	松井さんの気持ち	
	②どのように？	山ねこをいやがっていたが、いつでも利用してほしいという気持ちに変わった。	
	③どうして？	山ねこの家族への思いやり、松井さんへの思いやりを感じたから。	
(5)視点	三人称限定視点　　視点人物＝松井さん		
(6)作品の心	相手の気持ちを思いやることの素晴らしさ　やさしさは人の心を変えるということ		

(7)場面構成	現実(ふつう)		非現実(ふしぎ)			現実(ふつう)	
	3		2			1	
最初の一文	やがて空いろの車は、ほりばたの大きな病院のまえに、ぴたっととまりました。	林をすぎ、金色のいねのあいだを進み、町に入ったとき、松井さんは、わざわざふりむいてみました。（出口の一文）	にじの林をすぎると、白いほそう道路にかわりました。	松井さんは、力いっぱいブレーキをふみました。	ほそい一本道にでました。（入口の一文）	なみ木のおわったりんどう橋の上で、わかい男の人が手をあげているのを見つけて、松井さんは車をとめました。	秋になりました。
時の設定	秋	秋	秋	秋	秋	秋	秋
場の設定	ほりばたの大きな病院のまえ	町	白いほそう道路 赤いやねの家	にじのような林	金いろのいねのほが、波のようにゆれている。	りんどう橋	町
人の設定	松井さん 山ねこ	松井さん 山ねこ	松井さん 山ねこ 青いスカートをはいた山ねこ	松井さん 山ねこ	松井さん 山ねこ	松井さん 若い男の人	松井さん
(8)あらすじ							

ボーン④　単元の構想（11時間）

次	主な学習活動	★主な発問・指示　☆評価	◇読みの観点 ◆視覚化
一 作品の全体像を調べる（九時間）	○二つの物語を使ってファンタジー作品の学習方法を学ぶ。 ①②③「海をかっとばせ」 ④⑤「夏海とみどり」	★ドッジボールで勝った時の気持ちを言葉で表現してみましょう。「気持ち」は、「うれしい」のように心の様子のことです。「やったー」とか「とびはねた」のように言葉や動作などで表現することもできます。 ★中心人物のワタルの気持ちが分かる表現にサイドラインを引きましょう。	◇読みの観点③-③ 物語から人物の心情や行動を表す言葉を抜き出すことができる。 ・習熟を図るため、自作の物語を用意する。 ◆全文プリントを使う。
	⑥音読し、初発の感想を書く。 ⑦物語の何が「ふしぎ」なのかを調べる。 ⑧物語全体を「ふつう・ふしぎ・ふつう」の3つの場面に分ける。 ⑨2つの「ふつう」から登場人物の変化をまとめる。	★<活動⑥>今、「山ねこ、おことわり」を読んでみて、感じたこと、心に残ったことを書きましょう。 ★<活動⑦>この物語に「ふしぎ」はありましたか。場面がふつう・ふしぎ・ふつうになれば、「ふしぎ」のある物語です。調べましょう。 ★<活動⑧>「ふしぎ」への入口となる一文はどれでしょう。同じように、「ふつう」にもどってくる出口の一文も探しましょう。 ★<活動⑨>この物語の中心人物と重要人物はだれでしょう。第1場面と第3場面から、松井さんと山ねこの様子をまとめましょう。 ☆作品全体を「ふつう・ふしぎ・ふつう」の3場面に分けることができる。	◇読みの観点⑤-② 物語の言葉を取り上げて感想を話すことができる。 ◇読みの観点① ファンタジー作品を3つの場面に分けることができる。 ◇読みの観点③-③ 物語から人物の心情や行動を表す言葉を抜き出すことができる。 ◆物語を一つのいえとして捉え、図（表）にまとめる。
二 クライマックス場面を考える（一時間）	⑩作品全体を一文でまとめる。 【本　時】	★<活動⑩>次の型に合わせて、物語全体を一文にまとめましょう。 ・<○○だった>中心人物が、 ・<重要人物と◇◇する>ことによって、 ・<△△な気持ち>なる物語。 ☆中心人物の変化を読み取ることができる。	◇読みの観点④-① 物語全体を一文にまとめることができる。
三 作品全体をまとめる（一時間）	⑪感想をまとめ、お互いの読みを交流する。	★<活動⑪>最後にもう一度、物語を読んだ感想をまとめましょう。書いたものを互いに紹介し合いましょう。 ［この物語で一番心に残ったことは○○ということです。こう思ったのは、○場面に○○と書いてあったからです。この作品は○○な物語だと思いました。］ ☆自分が考えたことや感じたことをまとめることができる。	◇読みの観点⑤-② 物語の言葉を取り上げて感想をまとめることができる。

本時の計画（10／11時間目）

(1)ねらい　中心人物の心情の変化を読み取り、作品全体を一文にまとめることができる。

(2)展開

時	学習活動	○主な働きかけ　・予想される児童の反応	●支援等　◎評価
10	①クイズを通して物語の流れを振り返る。	○今日は、一文まとめをします。まずは、ウオーミングアップです。「山ねこ、おことわり」の間違い探しをします。全部で6問出します。	●キーセンテンスをクイズにして注目させる。
15	②松井さんの気持ちを想像して最後の一文を当てる。 ★自己内対話 ★全体対話	**松井さんは、最後、若い男の人に大声で何と言ったのか、4つの中から1つ選びましょう。** **① もう、のらないでくださいね。** ・これは違うと思う。そのままはっておけばいいのにやぶっているから。 ○おこっているからやぶっているんじゃないの？ **② また、いつでも、どうぞ。** ・これだと思う。いつでも乗せてあげますという意味だと思うから。 ・「やぶってみせました」は、「これはいりません」という意味だと思う。 **③ ありがとう。はっておくよ。** ・これは違う。ありがとうと言っているけど、やぶっておいて「はっておくよ。」はおかしい。 **④ りっぱな医者になってね。** ・これだと思う。励ましているから。松井さんは、山ねこの家のところで話したことを覚えている。 **○正解は②です。松井さんは、山ねこのことをよく思っていなかったのに、いつでもタクシーを使っていいよというふうに変わったんだね。でも、それは何でだろう。**	●最初は一人ひとりに自由に考えさせる。意見交流のあと、4つの選択肢を提示し、どれが正しいかを話し合わせながら、中心人物の気持ちが変化したことに気付かせる。 ●机間巡視では、考えのもとになる言葉や文をはっきりさせること、また他の考えへの質問や意見を考えるように促す。 ◎グループ内や全体の場において、自分の考えを発表したり、仲間の考えに共感したり反対したりしている。（ノート・観察）
20	③物語り全体を一文にまとめて発表し合う。 ★自己内対話 ★ペア対話 ★全体対話	**どうして松井さんの気持ちは変わったのでしょう。物語全体を一文にまとめましょう。** **・始め山ねこをいやがっていた松井さんが、** **・山ねこのやさしさがわかったことによって、** **・また会いたいという気持ちなる物語。** **○山ねこ先生は、まず、家族を大切にしていたね。さらに「おりてください」と言った松井さんに対しても気を使っていた。そのやさしさを分かったとき、人間も山ねこも関係なくなったんだね。**	◇ワークシートに自分の考えを書き、発表し合う。 ◎課題に対する自分の考えを書いている。（ノート・発言）

7 高学年における「クライマックス場面」の授業 【読みの観点⑤⑥⑦との関連】

読みの観点の中でも、**【読みの観点⑥ 視点】**の授業は、先行実践が少なく、どの教師も敬遠しがちでした。しかし、この単元を実践した教師は、「大造じいさんとがん」に視点の変化や情景描写が見られることから、観点⑥視点の授業に挑みました。5STEPとしては、STEP④「クライマックス場面の三つの問い」から、STEP⑤「作品の心」へと進むところを本時としていました。

椋鳩十「大造じいさんとがん」 作品を自分なりに捉え、朗読しよう

池田 利充

子どもたちは、授業の最後に「自然の動物たちのたくましさ」というように「作品の心」をまとめました。読みに沿った明快な「作品の心」でした。私は、これまで五年生の子どもたちが想像の世界をつくり、「作品の心」を自分の言葉で表現できるよう取り組んできました。そのために大切なことは「視点」でした。視点は、読者が作品を読み進め、作品世界を想像する際の決定的な要素と言えます。なぜなら、物語では設定された視点人物の変容を軸に描かれるからです。また、視点人物の思いは情景描写にも表れます。教師の教材研究でも視点人物は大切な観点だと気付きました。「大造じいさんとガン」では、大造じいさんに寄り添いながら、物語を読み進めました。「東の空が真っ赤に燃えて、朝が来ました。」は、大造じいさんが見ている光景であり、大造じいさん自身の気持ち（情景）です。視点を意識して読むと、今まで見えなかったものが見えてきます。

ボーン③　教材分析表

(1)作品	「大造じいさんとガン」 椋鳩十	光村図書	5年
(2)作品の特徴	本作品は題名や二者の知恵比べというストーリーから、大造じいさん(中心人物)と残雪の戦いの物語と考えがちである。しかし、本作品は中心人物が残雪をどう見ているかという中心人物の内面のドラマが核となっている。中心人物は、ガンを捕まえようと知恵を絞り、3つの作戦を決行する。中心人物の心はこの過程で少しずつ変化し、中心場面へと向かう。中心場面では、中心人物が残雪の「仲間を救う姿」と「頭領らしい堂々とした姿」に「強く心を打たれ」、最高潮を迎える。自然の中で生き抜くことの大変さ、群れを守り続けることの難しさ、それを背負って生きる残雪の生き様に中心人物は強く感動する。単なる勝ち負けの物語ではなく、自然に生きる生き物たちの厳しさを中心人物の目を通して描いた物語であることに気付かせたい。また、本作品は「視点の転換」の指導にも適した学習材である。描写や叙述の変化の比較のみならず、視点人物の転換の効果によって主題へとつながる自分の読みをもたせたい。		
(3)大きな設定	①時　今から数十年前	②場　ぬま地	
	③人　①中心人物:大造じいさん　②重要人物:残雪　③その他:おとりのガン、ガンの群れ、ハヤブサ		
(4)中心場面	①何が変わった?	大造じいさんの残雪に対する気持ち	
	②どのように変わった?	「たかが鳥」「いまいましい(やつ)」という鳥として見下す対象から、「ガンの英雄」「えらぶつ」という尊敬すべき対象へと変わった。	
	③どうして変わった?	命懸けで仲間を助け、最期まで堂々とする残雪に強く心を打たれたから。	
(5)視点	三人称限定視点　視点人物:大造じいさん→残雪→大造じいさん		
(6)作品の心	自然に生きる生き物たちの厳しさ		

(7)場面構成	〈結末〉後ばなし	〈山場〉中心場面	〈展開〉出来事の展開					〈設定〉前ばなし
	8	7	6	5	4	3	2	1
最初の一文	残雪は、大造じいさんのおりの中で、一冬をこしました。	「さあ、いよいよ、戦とう開始だ。」	今年もまた、ぼつぼつ、例のぬま地にガンの来る季節になりました。	あかつきの光が、小屋の中にすがすがしく流れこんできました。	その翌年も、残雪は、大群を率いてやって来ました。	その翌日、昨日と同じ時刻に、大造じいさんは出かけていきました。	そこで、残雪がやって来たと知ると、大造じいさんは、今年こそはと、かねて考えておいた特別な方法に取りかかりました。	今年も、残雪は、ガンの群れを率いてぬま地にやって来ました。
時の設定	ある晴れた春の朝	朝	今年	えさをまいた四、五日後	その翌年	その翌日	今年(今から数十年前)	今年(今から数十年前)
場の設定	ぬま地	ぬま地	ぬま地	ぬま地	ぬま地	ぬま地	ぬま地	ぬま地
人の設定	大造じいさん 残雪	大造じいさん 残雪 ハヤブサ おとりのガン	大造じいさん おとりのガン	大造じいさん 残雪	大造じいさん	大造じいさん 残雪	大造じいさん 残雪	残雪 大造じいさん 一羽のガン
(8)あらすじ	大造じいさんは、「また堂々と戦おう」とよびかけ、飛び上がった残雪をいつまでもいつまでも見守っていた。	大造じいさんは、仲間を救い、最期の時までも堂々と頭領としてのいげんをきずつけまいと努力する残雪に強く心を打たれた。	大造じいさんは、二年前につかまえたガンをおとりに使い、残雪にひとあわふかせるために小屋の中にもぐりこんでガンの群れを待った。	大造じいさんは、またしても残雪にしてやられてしまい、「ううん。」とうなった。	大造じいさんは、タニシをばらまき、小屋にもぐりこんでガンの群れを待った。	大造じいさんは、つりばりのしかけを見抜き、指導したのは残雪であると感じ、「ううむ。」と思わず感嘆の声をもらした。	大造じいさんは、ウナギつりばりのしかけにより一羽のガンを手に入れることができ、うれしくて、さらにつりばりをばらまいた。	大造じいさんは、残雪のために、一羽のガンも手に入れることができず、残雪のことをいまいましく思っていた。

ボーン④　単元の構想（9時間）

次	主な学習活動	★主な発問・指示　◎評価	◇読みの観点　◆視覚化
一 作品の全体像を調べる（四時間）	①音読を行い、初発の感想を書いて交流する。 ②語句の意味を辞書で調べる。 ③物語設定を確認し、小さな場面（8場面）に分ける。 ④小さな場面を一文要約する。	★〈活動①〉この作品を読んで、強く思ったり感じたりしたことは何ですか？ ◎本文中の言葉や会話文を引用し、感想を書いている。（ノート） ★〈活動②〉音読をしてわからない言葉はありませんか？辞書で調べましょう。 ◎進んで辞書を活用し、難語を理解しようとしている。（観察・シート） ★〈活動③〉この物語は何場面に分けることができますか？ ◎「時・場・人物」をもとに8場面に分けている。（シート・発言・観察） ★〈活動④〉主語と述語を明確にして各場面を一文要約するとどうなりますか？ ◎主語と述語を明確にしながら、各場面を1文でまとめている。（シート）	◇読みの観点⑤－③ 印象に残った人物の言動を引用し、自分が思ったことや感じたことを感想としてまとめて書ける。 ◆本文中の難語については、場面の様子が想像できるよう画像で提示する。 ◆全体で共有が図れるよう全文シートを拡大し活用する。 ◆よりよい活動となるよう短冊で読みの観点①②③の定義を確認する。 ◇読みの観点③－⑥ 叙述から「中心人物」と「重要人物」の人物像をまとめることができる。 ◆物語全体をつかめるよう読みの観点①②③を示した拡大図表を活用してまとめる。 ◇読みの観点①－② 「時・場・人物」から物語全体をいくつかの場面に分けることができる。 ◇読みの観点②－④ 物語全体を通して「時」がどのくらい経過したのかが分かる。
二 クライマックス場面を考える（四時間）	⑤8つの場面を基本4場面に分ける。 ⑥⑦場面ごとの大造じいさんの気持ちの変化（残雪との関係も含む）を読み取る。 ⑧3つの問いを検討し、クライマックス場面を読み取る。 【本時】	★〈活動⑤〉8つの場面を4つの基本場面に分けるとどうなりますか？ ◎4つの場面の定義を基に、8場面を基本4場面に分けている。（シート・発言・観察） ★〈活動⑥⑦〉大造じいさんは残雪のことをどんな気持ちで見ていますか？ ◎叙述を基に、「中心人物」の気持ちとその変化、「重要人物」との関わりを読み取っている。（発言、観察） ★〈活動⑧〉中心場面の読み取りを活かして、3つの問い（「中心人物の心」が「どのように変わった」。「それはどうしてか」）をまとめるとどうなりますか？ ◎視点人物の意味とその転換の効果が分かっている。（観察） ◎これまでの読みを活かし、型に合わせて3つの問いをまとめている。（シート）	◆物語全体がつかめるよう「時・場・人物」や段落構成などが示された拡大図表にまとめる。 ◆全体で共有が図れるよう全文シートを拡大し活用する。 ◇読みの観点①－⑤ 物語全体を4つの基本場面に分けることができる。 ◆「中心人物」と「重要人物」との関わりや「中心人物」の気持ちの変化などがわかるよう相関図を提示する。 ◇読みの観点③－③⑦ 物語から人物の心情や行動を表す言葉を抜き出すことができる。「中心人物」と「重要人物」の関係をまとめることができる。 ◇読みの観点①－⑥（③－⑧） 中心場面の3つの問いに答えることができる。 ◇読みの観点⑥－④ 語り手はどの人物に寄り添い、誰の心の中を描きながら物語を進めているのかがわかる。
三 作品全体をまとめる（一時間）	⑨「作品の心」をまとめ、交流する。	★〈活動⑨〉「大造じいさんとガン」を読んで、作品が自分に強く語りかけてきたことは何ですか？「作品の心」をまとめ、交流しよう。 ◎根拠をもとに、自分の言葉で「作品の心」をまとめ、他者に伝えている。（シート・発言・観察）	◆短冊に個々に感じ取った「作品の心」を書き、よりよい交流ができるよう発表資料とする。※時間があれば分類する。 ◇読みの観点⑤－⑦ 中心場面の読み取りから自分が考えたことや感じたことを中心に「作品の心」をまとめる。 ◇読みの観点⑤－⑤ 単元の最初と最後を比較して、自分の読みの変化を書くことができる。

6　本時の計画（8/9時間目）

（1）ねらい　　これまでの読みを生かし、中心場面の3つの問いをまとめることができる。

（2）展開

本時は、「何が、どのように、どうして変わったのか」の3つの問いを検討しながら、中心人物の変化した気持ちを具体的に読み取り、自分の言葉でまとめていく時間である。この学習は次時への「作品の心」をとらえていくことにつながる重要な学習活動である。そこで、ねらい達成のために以下の2つの手立てを行う。

①重要人物の行動とそれに対する中心人物の見方や心を表した相関図の提示

センテンスカードの配置を話し合うことを通して、対人物の行動と中心人物の心とを関連付ける。また、このカードを活用したこの相関図を示すことで、中心人物の見方や心の変化を読み取るための中心場面の重要性を実感させたい。

②視点人物への着目

この中心場面では大造じいさん（中心人物）から残雪（重要人物）への視点の転換が見られる。これまで中心人物に寄り添い気持ちの変化を読み取ってきたが、視点人物とその転換に気付かせることで、お互いの相関関係や気持ちの変化をより深く読み取らせたい。

時	学習活動	○主な働きかけ　・予想される児童の反応	●支援等　◎評価
5	①前時までの学習を振り返り、本時の学習の見通しをもつ。	○残りのセンテンスカードはどこに入るでしょうか？ ・始めは残雪を「いまいましく」思っていたよ。 ・「がんの英雄よ」はお話の後ばなしの方だ。 **中心人物の心がどのように変わったのでしょうか？また、どうして変わったのでしょうか？**	●センテンスカードをもとに、これまで読み取った大造じいさんの残雪への見方や心の変化をおさえ、本時の課題へと導けるようにする。
20	②学習課題を理解し、叙述をもとに自分なりに学習課題を考える。 ★個人内対話 （★ペア対話） ③考えを全体で交流する。 ★全体対話	○中心人物の気持ちが変わった場面で、中心人物（大造じいさん）は何を見たのでしょう？ ・ハヤブサとの戦いを見た。 ・おとりのガンを助ける姿を見た。 ・頭領としての堂々とした姿を見た。 ・頭領としてのいげんをきずつけまいと努力している残雪を見た。 ○残雪はどんなことを考えていたでしょうか？ ［第1の敵（はやぶさ）］ ・残雪の目には人間もハヤブサも…。救わねばならぬ仲間の姿があるだけでした。 →何があっても仲間を救うぞ。 ・いきなり敵にぶつかっていきました。…なぐりつけました。→よし、追い払ったか。 ［第2の敵（大造じいさん）］ ・残りの力をふりしぼって…持ち上げました。そしてじいさんを正面からにらみつけました。 →どんな敵でも最後までたたかうぞ。	●残雪の行動とそれに対する大造じいさんの見方や心を表した相関図を掲示することで、よりよい課題解決が図られるようにする。 ●残雪の視点を与え、残雪の気持ちを考えることで、大造じいさんの心が変わったという理由や残雪の存在をより大きく具体的に読み取らせるようにする。 ●叙述に沿った発言ができるよう全文シートにサイドラインを引く活動を設定する。 ◎叙述に沿って中心人物の心が変わった理由を考えている。（シート・発言）
20	④これまでの読み取りを活かし、3つの問いをまとめる。 ★個人内対話 ★全体対話	○これまでの学習を生かして中心場面をまとめよう。何が、どのように変わったのか？また、どうして変わったのでしょう？ ・残雪への大造じいさんの気持ちが変わった。 ・最初はいまいましいやつと思っていたけど、仲間のことを思いやるすばらしい鳥だという気持ちに変わった。 ・命がけで仲間を守ろうとする残雪の行動に心を打たれ、たいしたものだと尊敬の気持ちに変わった。 ・ガンの頭領として最期まで堂々とする態度に心を打たれ、鳥とは思えないほど立派に思った。	●まとめづらい場合には、ペア対話の時間を設定し、対話を通してまとめられるようにする。 ●必ずしも文中の言葉を使わなくても、子どもたちのこれまでの読みで感じた言葉でまとめてもよいこととする。 ◎これまでの読みを生かして、3つの問いをまとめている。（シート・発言） ●次時の学習課題（「作品の心」をまとめること）を告げる。

8 高学年における「作品の心」の授業　【読みの観点⑤⑥⑦との関連】

高学年では、STEP⑤「作品の心の創作」において、作品が自分に語りかけてきたことを表現する学習を行います。この学びを通して、子どもたちの中に「この作品を読んだ」という確かな思いを育て、同時に言葉をまとめるというリーディング・スキルを鍛えていきます。この点から「海の命」は魅力的な作品です。なぜなら「太一はなぜクエを殺さなかったのか」という問いの答えを、作品に散りばめられている言葉をどうつなげ、どうまとめるかによって、多様な読みが生まれるからです。ここで示す実践は、研究の一年目、研究主任だった私が、「自力読み」の授業を他の職員に知ってもらうために行ったものです。

立松和平「海の命」　物語が語りかけてきたことを表現しよう　谷内　卓生

糸小プランでは、作品の心をまとめるというゴールに向かって、場面分けを行い、それらを基本四場面に捉え直し、あらすじをまとめ、クライマックス場面を読み取っていきます。この一連の活動で課題となっていたことが、読解と主題作成をどう結び付けていくかということでした。本時では、それに対する自分の捉えを提案したいと思いました。予定通り時間が足りませんでしたが、子どもたちが自分の読みを生かして作品の心を書き、伝え合っている姿を見せることができました。全体対話には、課題に対する子どもたちの考えを広げる拡散の部分と、ある観点から考えの妥当性を検討したり、整理したりする収束の部分があります。私は収束部分の指導力を高めることが課題でした。

ボーン③　教材分析表

(1)作者・作品	立松和平「海の命」			
(2)作品の特徴	この作品の舞台は海である。作者は、様々な魚が生きている海の美しさと共に、中心人物である太一が、村一番の漁師として成長していく過程を丁寧に描いている。ただ、「魚を自然に遊ばせてやりたくなっとる」、「この海で生きていける」、「海に帰る」、「大魚をこの海の命だと思えた」など観念的な表現が多く、児童の語彙力や生活経験によって、心情や情景の読み取りに差が出やすいと感じた。裏を返せば、その分、いろいろな読みを交流させるおもしろさがある作品である。叙述から大きく離れないように注意して、太一が巨大なクエと戦わなかった理由を探っていきたい。 場面は9つと考えた。(授業では10となった。11ページ参照)4つの部屋に分けるとき、児童は「山場」が8場面、「結末」が第9場面になることはすぐに気付くだろう。しかし、第2場面は「まだ具体的な出来事が始まっていない」という理由から＜設定＞であると考える児童がいるかもしれない。その場合は、場面の出だし			
(3)大きな設定	時	現代	場	太一が住んでいる村、海
	人物	①中心人物：太一　②重要人物：お父、与吉じいさ、(クエ)　③その他：母(おばあさん)、むすめ		
(4)クライマックス場面	①何が？	太一の心		
	②どのように？	父を殺したクエと戦うことが夢だった太一　→　クエと出会っても戦わなかった太一		
	③どうして？	父を殺したクエをしとめたいという自らの夢と、自然と共存して生きていくという教えの間でゆれるが、海の命だと感じるほどの大魚を目の前にし、自然と共存していくことを決心できたから。		
(5)視点	三人称限定視点　視点人物＝太一			

(6)場面構成	＜結末＞ あとばなし	＜山場＞ クライマックス	＜展開＞ 出来事の展開							＜設定＞ 前ばなし
①場面	9	8	7	6	5	4		3	2	1
②場面の「時」	やがて	追い求めているうちに、不意に	瀬にもぐりつづけて、ほぼ一年	ある日		真夏のある日	弟子になって何年もたったある日	中学を卒業する年の夏	ある日	(太一が子どもの頃)
③場面の「場」	村	父が死んだ瀬＝父の海			(太一の家)	与吉じいさの家	与吉じいさの瀬	与吉じいさの瀬(太一の父が死んだ瀬)	父が死んだ瀬	父親たちが住んでいた海
④場面の「人」	太一(父親) むすめ(おばあさん) 子どもたち	太一 瀬の主クエ			母 太一(屈強な若者)	太一 与吉じいさ			父 瀬の主クエ	太一(子ども) 父
(7)あらすじ	やがて、太一は村の娘と結婚し、父親となり、村一番の漁師として生きた。	太一は、巨大なクエと出会ったが、クエを「海の命」だと思うようになり、戦わなかった。	もぐり続けて一年が過ぎたが、太一は、瀬の主以外の生き物に興味をもてなかった。	太一は、父が死んだ危険な瀬に初めて入った。	父が死んだ瀬にもぐるのではないかと母を不安にさせるほど、太一は屈強な若者になっていた。	真夏のある日、与吉じいさは、父がそうであったように、海に帰っていった。	弟子になって何年もたったある日、太一は、与吉じいさから村一番の漁師だと認められた。	中学を卒業する年の夏、太一は無理やり与吉じいさの弟子になり、一本づり漁を教えてもらった。	ある日、父は、岩のように大きなクエをとろうとしてなくなった。	子どもの頃、太一は、もぐり漁師だった父と一緒に漁に出ることを夢見ていた。

ボーン④　単元の構想（10時間扱い）

次	主な学習活動	★主な発問・指示　☆評価	◇論理的思考 ◆視覚化
一　作品の全体像を調べる（五時間）	①音読し，初発の感想を書く。 ②小さな場面に分ける。 ③基本4場面に分ける。 ④あらすじをまとめる。 ⑤クライマックスの問いについて考える。（1回目）	★＜活動①＞今，「海の命」を読んでみて，作品が自分に強く語りかけてきたことは何ですか。自分の言葉で短くまとめてみよう。 ★＜活動②＞物語のいえをつくります。まず，場面の数を決めます。この物語は何場面に分けることができますか？「時，場，人物」が大きく変わるところが新しい場面の始まりです。 ★＜活動③＞それらの場面を，「設定，展開，山場，結末」の4つの部屋に分けてみましょう。クライマックスの箱は，「山場」にあります。何場面ですか。 ★＜活動④＞各場面の時・場・人をまとめます。また各場面を1文にまとめましょう。時・場・人物など大切な言葉を落とさないように，なるべく短い1文にしたものを合わせると，あらすじになります。 ★＜活動⑤＞この物語で大きく変わったことは何でしょう。それはどのように変わったのでしょう。それは，どうして変わったのでしょう。（今の読みは，1回目の読み。これからもっとしっかり読んで「作品のこころ」を確かに受け取りましょう） ☆各場面を一文にまとめ，それらをつなげて物語全体のあらすじを書くことができる。	◆活動②から，全文プリントを使う。 ◆物語を1つのいえとして捉え，説明文と同じように図（家のイラスト）にまとめる。 ◇活動②③④⑤⑥→論思③「きまりと活用」→前教材で習得したきまりを活用する。
二　クライマックス場面を考える（三時間）	⑥-1「設定」から，作品のおおもとになる「時」「場」を調べる。 ⑥-2「展開」場面から，太一の夢の内容について考える。 ⑦重要人物となる与吉じいさと父の人物像をまとめる。	★＜活動⑥-1＞中心人物である太一について詳しく読み取りましょう。この物語は太一が何歳から何歳までの様子を描いているのしょうか。 ★＜活動⑥-2＞子どもの頃の太一の夢は何だろう。父が亡くなった後の夢は何だろう。 ★＜活動⑦＞重要人物である与吉じいさと父の人物像をまとめてみましょう。二人はどんな漁をしていて，海についてどんな考えを持っているのでしょうか。また何が似ていて，何が違っているのでしょうか。	◇活動⑥-2 →論思②「類似と比較」 →2人の重要人物の似ているところ，違うところを明らかにする。 ◇活動⑦ →論思①「具体と抽象」 →叙述から登場人物の人物像まとめる。
	⑧再びクライマックスの問いについて考える。（2回目） 【本　時】	★＜活動⑧＞前の学習をもとに，もう一度，クライマックス場面について考えましょう。太一はどうして，クエと戦わなかったのでしょうか。 ☆クライマックス場面の3つの問いについて答えることができる。	◆自分の考えを短冊にまとめ，それらを移動させながら，考えを収束させていく。
三　作品全体をまとめる（二時間）	⑨主題（作品のこころ）をまとめる。 ⑩お互いの読みを交流する。	★＜活動⑧＞クライマックスの問いについて答えることができた。箱は開いたね。物語が強く語りかけてきたことを，自分の言葉で書いてみましょう。書き方で困っている人は，次の型に合わせてまとめてみましょう。 **「この作品が，私に強く語りかけてきたことは〇〇ということです。こう思ったのは，〇場面に〇〇と書いてあり，・・・・・・・・と思ったからです。この作品を読んで〇〇ということを感じました。」** ☆＜山場＞の読み取りをもとに，自分が考えたことや感じたことを「作品の心」としてまとめることができる。	◇活動⑨ →論思②「類似と比較」 →お互いの感想の似ているところ，違うところを感じる。

本時の計画（８／10時間目）

（1）ねらい　太一がクエと戦わなかった理由を考えることを通して，作品が自分に語りかけてきたこと（作品のこころ）を短い言葉にまとめることができる。

（2）展開

時	学習活動	○主な働きかけ　・予想される児童の反応	◇支援等　◆評価
5	①前時までの学習を振り返る。	○詩「『物語の読む』ということ」を群読しよう。 ○トリの目で「海の命」のいえを再現してみよう。 ○今日は，「クライマックスの箱」を「かぎ」で開ける学習だね。授業の最後には，一人一人が，作品のこころについて語れるようになってほしい。	◇詩の群読で，読解学習に見通しと意欲をもたせる。 ◇カードや短冊などを活用し，学習内容を視覚を通して理解できるようにする。
15 15	②発問1に対する自分の意見を発表する。 ★全体対話 ★ジャム対話 拡散 収束	**＜発問1＞太一は，父を殺したクエをしとめることが夢だったのに，どうして，クエと戦うことをやめたのだろう。** ○発言の内容を見ると，3つにまとめられそうだね。自分の立場を決めてジャム対話をしよう。 **①クエを「おとう」だと思ったから。** ・クエに向かって「おとう，ここにおられたのですか。また会いに来ますから」と言っているから。 ・おとうが死んだ瀬にいるから。 ・死んで海に帰った。魂が瀬の主に宿っている。 ・自分の身を守ろうとしなかったから。 **②クエを「海の命」だと思えたから。** ・瀬の主は，魚のボスだと思ったから。 ・クエを殺すことは，海を殺すことだと思ったから。 **③おとうや与吉じいさの教えを守ったから。** ・おとうの「海のめぐみ」，与吉じいさの「千びきに一ぴき」という教えから，むやみに殺してはいけないと思った。 ・＜結末＞に「太一は村一番の漁師であり続けた。千びきに一ぴきしかとらないのだから，」と書いてあるから。 ○本当にクエと「おとう」と思ったのだろうか。 ・出会ってすぐに言っていない。考えている。 ・「笑顔を作る」，「そう思うことによって」，「済んだ」という表現からすると，理由として弱い。 ○強い意見をまとめると，つぎのようになる。 太一は，クエが海のたった1つの命（頂点に立つ命）であるように思えた。そして，与吉じいさの教えの通りに，殺す必要のない命をうばうことをやめた。 ○これで，おとうを殺されたくやしさが晴れるのかな…。	◇ジャム対話とは，同じ考えの仲間が席を移動して意見を交流させる対話のことである。 実施の目的は，①全体対話でも自分の思いを発表できる児童を増やすため，②話合いの拡散・収束活動を活性化させるためである。 机間巡視では，考えのもとになる言葉や文をはっきりさせること，また他の考えへの質問や意見を考えるように促す。 ◆グループ内や全体の場において，発問1に対する自分の考えを発表したり，仲間の考えに共感したり反対したりしている。（ノート・観察） ◇左に示した①の疑問点を，児童が話合いの中で気付けた場合は，それを取り上げる。
	③発問2に対する自分の意見を発表する。 ★自己内対話 ★ペア対話 ★全体対話	**＜発問2＞2回出てくる「海の命」という言葉は，同じ意味なのだろうか？** ・9段落は，よく使う「命」。つまり「たった1つの命」。 ・10段落は，「海で生きているすべての命」。　つまり… 太一は，巨大なクエと出会い，その様子からクエが海のたった1つの命（頂点に立つ命）であるように思えた。さらに，海の様々な命がすべてつながっていることを悟った。だから，与吉じいさの教えの通りに，殺す必要のない命をうばうことをやめた。	◇自分の考えを書く。 ◆課題に対する自分の考えを書くことができたか。（ノート・発言）
10	④作品のこころをまとめて全体で交流する。 ★全体対話	○クライマックスの問いについて答えることができた。箱は開いたね。物語が強く語りかけてきたことを，自分の言葉で書いてみよう。 ・この作品が私に強く語りかけてきたことは○○です。 ・ああ，いいね。ぼくと同じだ。 ・なるほど，その言葉もいいね。	◇短冊に書き，発表し合う。同じ意見は，その意見の近くに貼る。 ◆自分なりの作品のこころを書くことができたか。（ノート・発言）

（3）評価　　叙述をもとに，太一がクエと戦わなかった理由，また作品の「こころ」を書くことができたか。

9 高学年における「ファンタジー作品」の授業 【読みの観点①③との関連】

ファンタジー作品の中学年の目標は、「三部構成が分かり、中心人物の変容を読み取ることができる」ことでした。高学年は、「中心人物の変容から『作品の心』をまとめることができる」と設定しました。この単元では、「非現実世界を通して中心人物は幸せになったのか、不幸になったのか」という中心課題に取り組んだ後、作品の心を本の帯に表現する活動を行っています。

安房直子「きつねの窓」 ファンタジー作品の世界を味わおう

倉又 圭佑

読解の授業を行っていると、物語の風景や登場人物の気持ちがよく分からないという作品に出会います。例えば、宮沢賢治の「やまなし」です。作者の巧みな表現によって、現実と異なる場の設定に戸惑ったり、登場人物が喜んでいるのか悲しんでいるのかを充分に読み取れなかったりします。本単元で扱う「きつねの窓」も味わい深い不思議さがある作品です。このような作品を読む際、子どもたちに「自由な読み方をすればよい」と指導しては、読解指導として学ばせるものがありません。そこで「やまなし」の授業で「五月」と「十二月」を比較したように、「きつねの窓」でも、分からないことを分かることと比較したり、つなげたりして読むことにしました。本時では、「きつねの窓」の結末がハッピーエンドかどうかを問い、その根拠を叙述に求めながら、作品の不思議さを味わっていこうと思います。

ボーン③　教材分析表

(1)作品	「きつねの窓」 安房直子	学校図書	6年
(2)作品の特徴	本教材は、「青」を基調とした色彩豊かな世界が繰り広げられるファンタジーである。現実・非現実・現実の三部構成になっており、非現実世界の入り口と出口となる文を探し出すことで、ファンタジーの構造をとらえることができる。この作品の大きな特徴としてはファンタジーの不思議さに加えて作品自体の分からなさ(不思議)が存在していることである。複数の解釈ができる文が存在するため、この物語を幸せな結末と読むか、そうではないと読むかで分かれる。なぜ同じ作品を読んでも、意見が分かれるか。物語の奥深さを味わわせるにふさわしい作品である。		
(3)大きな設定	①時　ある秋の日	②場　山道	
	③人　①中心人物　ぼく　②重要人物　きつね		
(4)中心場面	①何が変わった？	きつねに対するぼくの気持ち	
	②どのように変わった？	きつねをつかまえてやろうという気持ちが、感激や感謝する気持ちに変わった	
	③どうして変わった？	きつねが見せてくれた窓に、死んでしまったはずの母ぎつねが見えたから	
(5)視点	一人称限定視点		
(6)作品の心	思い出とともに生きることの喜びや悲しみ		

(7)場面構成	現実(ふつう)		非現実(ふしぎ)			現実(ふつう)	
	3		2			1	
最初の一文	それからというもの、ぼくは、幾日も山の中をさまよいました。	ところが、小屋に帰って、ぼくがいちばん先にしたことは、なんだったでしょう。	ぼくは、きつねに帰り道をききました。	この時、後ろで、「いらっしゃいまし。」と、変な声がしました。	道を一つ曲がった時、ふと、空がとてもまぶしいと思いました。	いつでしたか、山で迷った時の話です。	
時の設定	それから	ある秋の日	ある秋の日	ある秋の日	ある秋の日	ある秋の日	
場の設定	山の中	小屋	見慣れたすぎ林	小さな店「染め物ききょうや」	一面、青いききょうの花畑	山道	
人の設定	ぼく	ぼく	ぼく	ぼく 子ぎつね	ぼく 子ぎつね	ぼく	
(8)あらすじ	それからきつねに会うことはないが、時々指で窓をつくっている。	無意識に手を洗ってしまい、がっくりとうなだれる。	大切な人が映るこの指を大切にしたいと、林の道を通る。	店員に化けた子ぎつねから、指を染めてもらう。	青いききょうの花畑で、白ぎつねの子どもを見つけ、追いかける。	ぼくは山で迷ったときのことを回想する。	

ボーン④　単元の構想（11時間）

次	主な学習活動	★主な発問・指示　　◎評価	◇読みの観点 ◆視覚化
一 作品の全体像を調べる（六時間）	①②単元の目的を知り、ファンタジーの結末について感想を交流する。	★＜活動①②＞中心人物の変容を読み取り、結末がハッピーエンドであるかどうかについて、自分の考えをまとめましょう。 ・「山ねこ、おことわり」…ハッピーエンド ・「注文の多い料理店」…アンハッピーエンド ◎結末がハッピーエンドであるか、そうでないかについて、叙述を根拠にして自分の考えをまとめている。	◇読みの観点⑤-② 物語の言葉を取り上げて感想をまとめる。
	③範読を聞き、初発の感想を交流する。	★＜活動③＞「きつねの窓」を読んでみて、感じたことや心に残ったことを書きましょう。 ◎物語にある言葉を使って、感想をまとめている。	◆全文プリントを使う。 ◇読みの観点⑤-② 物語の言葉を取り上げて感想をまとめる。
	④設定を確認する。	★＜活動④＞時・場・人物（中心人物・重要人物）についてまとめましょう。 ◎叙述に沿ってまとめることができる。	◇読みの観点②－② 物語全体を通して「時」や「場」が移り変わっていることが分かる。
	⑤登場人物の「ぼく」についてまとめる。	★＜活動⑤＞「ぼく」について書かれているところに線を引き、「ぼく」についてまとめましょう。また、「きつね」との会話から「ぼく」の性格について想像してみよう。 ◎叙述に沿ってまとめることができる。また「ぼく」についての叙述から、性格についての想像を広げている。	◇読みの観点③－⑥ 叙述から「中心人物」と「重要人物」の人物像をまとめることができる。
	⑥登場人物の「きつね」についてまとめる。	★＜活動⑥＞「きつね」について書かれているところに線を引き、「きつね」についてまとめましょう。また、「ぼく」との会話から「きつね」の性格について想像してみよう。 ◎叙述に沿ってまとめることができる。また「きつね」についての叙述から、性格についての想像を広げている。	◆二人を比べやすいように板書や掲示物を工夫し、共通点を探しやすくする。
二 クライマックス場面を考える（二時間）	⑦不思議の入り口と出口を探し、作品を3つの場面に分ける。	★＜活動⑦＞不思議への入り口と出口を探しましょう。 ◎不思議の入り口と出口は、同じ表現になっているということを手がかりにして探している。	◇読みの観点①－⑤ 物語を3つの場面に分けることができる。
	⑧「ぼく」から読み取れる物語の結末について、考えをまとめる。 【本時】	★＜活動⑧－1＞不思議の場面では、「ぼく」の何が、どのように、どうして変わったのでしょうか。 ◎ぼくの気持ちが変わったきっかけをとらえている。 ★＜活動⑧－2＞結末がハッピーエンドであるかどうかについて、自分の考えをまとめましょう。 ◎結末がハッピーエンドであるか、そうでないかについて根拠を明らかにして、自分の考えをまとめている。	◆ハッピーエンドとアンハッピーエンドの意見を比較しやすいように板書し、共通点や相違点を見つけやすくする。
三 作品全体をまとめる（三時間）	⑨⑩この物語の魅力を伝える本の帯を作る。	★＜活動⑨⑩＞4つの型の中から自分の表現したいことが最も伝わるものを1つ選び、物語を紹介する帯を作成しよう。 ・あらすじ型 …作品のあらすじを基にして紹介する。 ・クライマックス型 …クライマックス場面を紹介する。 ・主題型 …作品全体から読み取ったことを短い言葉で紹介する。 ・感想型 …自分が作品を読んだときの感想を紹介する。 ◎結末から読み取ったことを活かしてまとめている。また、分かりやすさや読み手の印象を大事にしている。	◇読みの観点⑤－③ 印象に残った人物の言動を引用し、自分が思ったことや感じたことをまとめて書ける。 ◆4つの型の見本を示すことで、自分に合った型を選べるようにする。
	⑪作った帯を紹介する。表現の仕方や、結末の解釈の違いがどのように影響するかなどを視点に交流する。	★＜活動⑪＞作った帯を紹介しましょう。結末をハッピーエンドとした人と、アンハッピーエンドとした人とで、帯の表現がどのように変わるかを比べてみよう。 ◎友だちの表現のよさを見つけている。表現の違いに気づいている。	

本時の計画（8／11時間目）

(1)ねらい　物語を幸せな結末と不幸せな結末の両方から読み取ることで、作者の表現の巧みさに気付くことができる。

(2)展開

時	学習活動	○主な働きかけ　・予想される児童の反応	●支援等　◎評価
10	①指の窓について考える。 ★グループ対話 ★全体対話	○指の窓から見えたものは何でしたか。 ・大好きだった女の子だ。 ・「ぼく」の母さんや妹も見えた。 ・きつねの窓からは母ぎつねも見えたよ。 ・焼けてしまった家 ○これらに共通していることは何ですか。 ・失った人や物。 ・また会いたい人。 ・二度と会えない人。	●指の窓から見えたものの共通点を明らかにすることで、ぼくが過去を振り返るときの切なさや懐かしさを捉えられるようにする。
20	③結末について考える。 ★グループ対話 ★全体対話	【この物語を不幸せな結末と読む人の理由を考えましょう。】 ・鉄砲を奪われたから。きつねに騙された話。 ・人からよく笑われるということは馬鹿にされている。 ・まだひし形の窓をつくっている。思い出にこだわっている。 ・素敵な窓をもらったのに見られなくなったから。 【この物語を幸せな結末と読む人の理由を考えましょう。】 ・きつねの窓によって、懐かしい思い出が蘇ったから。 ・鉄砲がなくなり、もう動物を殺さずにすむから。 ・もう切ない思い出を思い出さずにすむから。 ・きつねのおかげで、二度と会えない人に会えたから。 【どうして幸せにも不幸せにも読めるのでしょうか。結末を曖昧にしている一文を探しましょう。】 ・「君は、変なくせがあるのだなとよく人に笑われます。」 ・このまま読めば不幸せな結末。 ・ぼくは独りぼっちだったから、周りに人がいるってことは幸せな結末として読める。	◎幸せな結末と読む人、不幸せな結末と読む人の根拠を、本文中から探している。 ◎叙述を基にしながら、自分の考えをまとめている。 ●幸せ・不幸せな結末と読める理由を比較しやすいように板書し、共通点を見つけやすくする。
10	④結末を変える。 ★グループ対話 ★全体対話	○先生が作った結末だと幸せか不幸せかどちらの結末に読めるでしょうか。 「今日もあのきつねを探しに、すぎ林へ出かけます。」 ・まだきつねとの思い出が頭から離れない感じがする。 ・まだ独りぼっちだ。不幸せじゃないかな。 【では、幸せな結末に書き変えてみましょう。】 ・ぼくはきつねとの思い出を大切にして生きています。 ・ぼくはいつもこの話を友だちに聞かせています。 ・あれからぼくは、友だちや家族ができて幸せに暮らしています。 ○物語の結末の決め手となる一文で、ここまで作品の印象が変わるものだということが分かりました。作者は結末を決めなかった。だからこの作品はどちらにも捉えることができる作品ということになります。	●結末を書き変えることで、結末を決める一文の効果を実感できるようにする。 ●教師が例を出すことで、結末の捉えには、設定が大きく関係していることも確認する。 ◎書いたものの表現や効果について確かめている。

10 読解力向上プログラムの魅力 ～職員の感想から～

チームで挑んだプログラム。その試行錯誤の日々を、学級担任、特別支援学級担任、級外職員、初任者指導教員、様々な立場で語ってもらいました（糸小プランというのは、読解力向上プログラムのことです）。

◇見つける楽しさ　広げるおもしろさ

阿部　真弓

「主人公はうさぎとたぬきだね。」「違うよ。『うさぎの子』と『たぬきの子』って書いてあるよ。」「最初は『草原』にいたね。」「雨が降ったから『木の下』に行ったよ。」―当然、一年生ですから、「どこに書いてあったかな？」「『草原』ってどんな所だか分かる？」などの問い掛けは必要です。ですが、一年生でも「時・場・人物」を示す言葉に気付くことができました。友だちの考えを聞き、それらの言葉を見付ける喜びを感じることができました。本文を真剣に読み返す姿が見られるのです。『夕立』では全文プリントを用いて本文から大切な言葉を見付ける楽しさ、言葉から場面のイメージを広げるおもしろさを味わいました。子どもたちは、学んだことを生かし、次の学習でも「時・場・人物」を表す言葉に着目しています。

◇特別支援学級と糸小プラン

林　ひろみ

物事の因果関係や人物の心情を読み取ることが困難な自閉的傾向の強い児童や、音読や読み書きへの苦手意識が強く、語彙力も乏しい児童が多く在籍している特別支援学級でも、「使えるところで使う」というスタンスで、糸小プランを活用しています。「準ずる教育課程」で学習している国算通級タイプの児童の指導では、教師と一緒に時・場・人物を確認しながらそれを手掛かりに場面分けしたり、教師と一緒に気持ちの変化を捉えて、クライマックス場面を探したりしています。下学年や特別支援学校の教育課程で学習している児童の指導では、会話文を話者ごとにシールを貼りながら色分けし、地の文とも区別できるようにするなどして、時・場・人物を押さえる工夫もしています。

◇初任者が糸小プランを活用するよさ　森　淳子

一つ目に、めざす姿と単元構成が明確であるということです。学習過程とそれに伴う言語活動の手立てが示されているので、教師は本単元を計画的に、さらに年間を見通した授業づくりができます。例えば単元の第一段階「作品全体を調べる」段階では、七月はできなかった「各場面のあらすじを一文でまとめる」学習を九月に仕組みました。二つ目は、教材文の特徴を生かして、単元の第二段階「クライマックスを考える」を構成することです。九月、「ちいちゃんのかげおくり」の読みの課題を「ちいちゃんは幸せか、それとも…。」としました。一場面と五場面のかげおくりを比べる、中心人物の気持ちの変化を叙述から探す学習を仕組み、「クライマックスを考える」読みを展開しました。

◇物語の世界にどっぷり浸る　澤田　隆

国語ってどう指導すればいい？教職二十年を経ても迷いがありました。今年、糸小プランに出会って感じたことは、指導が明確であることです。であるならば、子どもも迷いません。五年生と「大造じいさんとガン」を学習しました。長文ですが、子どもたちは物語の世界に入り込み、本文に出てくる言葉一つひとつに着目し、叙述を基に対話し続けました。よって、「なぜ大造じいさんは銃をおろしたのか？」という問いに対し、自分でじっくりと向き合い、友だちと語り合い、学級で自分の思いや考えを存分に話し合うことができました。単元を終えて、椋鳩十の作品をオープンスペースに並べると、瞬く間に子どもたちは本を手にとって読み始め、本棚が空になってしまいました。

◇全校で「自力読み」を行う素晴らしさ　秋山　佳子

私は、前任校で二瓶先生の「自力読み」を個人で実践していました。しかし、担任する学級が変わると一から用語を教えなければならないことなどから、作品構成の指導に時間が掛かり「作品の心」の活動にまで至らないという課題がありました。糸小に赴任し、担任することになった四年生は、一年生のときから糸プランで物語を学んでいました。四月、物語の授業を行ったときに、既に読解に必要な用語や考え方を子どもたちが知っていたため、読み方を教える時間が省け、中心人物の変化の検討をじっくり行うことができました。驚きました。担任が変わっても同じ考え方で指導できる素晴らしさも実感しました。

◇一つの言葉を大切にするようになる　長谷川　和恵

「読解プラン」を実践して三年目、国語の時間に子どもたちが目に見えて変わったのは、一つひとつの言葉を大切にするようになったことです。三年生と「ちいちゃんのかげおくり」を学習した際に、子どもたちは物語の世界に入れば入るほど、本文に出てくる言葉一つひとつに着目し、叙述を基にして自分の思いや考えを話すようになりました。分からない言葉をその場で調べ、付箋を付けて記録し、蓄積していくことが習慣化され、一つひとつの言葉に敏感になり、叙述に即した読み取りができるようになりました。同じことを高学年で実践していても同様のことが言えます。物語の言葉の意味を正しく捉え、物語の世界に浸ることができるのが糸小プランの特徴だと私は考えます。

◇糸小プランで変わった私の読書

小山　加代

私は読書が好きです。読む本の半分以上は小説の類です。読後の感想は、いたってシンプル。「おもしろかった」「期待はずれだった」くらい（語彙がない）。同じ本を読み返すということはほとんどありません。そんな私の読書を変えたのが糸小プランです。「この話の最初と最後で、何が変わったのか、どう変わったのか、どうして変わったのか」ということを考えながら読むようになりました。そして、「はじめ○○だった△△が□□によって☆☆になる話」、「この作品が私に強く訴えてきたこと」などを考え、読書記録として残すようになりました。もちろん全ての作品が前述のパターンで書き綴られているわけではありません。でも、それはそれで小説の奥の深さを感じますし、作者の頭の中を覗いてみたい気持ちになって楽しいです。

◇教師にも子どもにも読む構えをつくり出す

松﨑　祐太

「どんな力を」「どの学年で」「どの単元で」「どのように」育んでいくのか、系統的、構造的に仕組んでいる糸小プランと出会い、私の教材に向き合う姿勢が変わりました。それまでは、教材ごとに目先だけの面白そうなプランに飛びつき、その教材だけの読みでしかありませんでした。しかし、この糸小プランにより、教材解釈の観点や展開の構想の仕方が明確になり、どの教材にも通用する読みの構えを自分の中に築けるようになりました。また、これまで漠然と物語を読んでいた子どもたちが、「ここから場面が変わるぞ」「この場面がクライマックスだな」「中心人物は今はこうだが、これからこのように変容するのではないか」と読みの観点をもちながら読むようになってきました。

◇読む力は、全校体制で伸ばしていく　渡邉　興勝

「読解プラン」を初めて実践した授業は、五年「注文の多い料理店」でした。どのように進めていけばいいのか、読解プランをもとに教材研究に没頭したことを覚えています。クライマックス場面の授業では、それまで読み深めてきた自分の考えをもとに、作品の心を堂々と話す子どもたちに、確かな読みの力を感じました。私は前学年までの実践の継続に感謝するとともに、次学年への大きな責任を感じました。自分の受けたバトンは、責任をもって次の担任に引き継ぐ。この繰り返しで、国語の力は、螺旋のように伸びていきます。指導内容や学習過程が明確なこの糸小プランは、全校体制で読みの力を伸ばしていくために必要なことが網羅されているプランだと考えます。

第7章

対談「自力読み」とは何か

―新・読解力が目指す地平―

谷内卓生×二瓶弘行

「物語を読む」ということ

谷内　本書では、これからの時代を生き抜く読解力を物語の授業でどう育てるかということについて提案しました。二瓶先生は、読解力を「論理的思考力」と「イメージ形成力」の二つから捉えています。それらを物語の読解単元の授業でどう育てるのかについて、あらためて教えてください。

二瓶　言葉の力を付けるためには、説明文の授業だけで充分だという意見もあります。文学は趣味の世界で、文学を読んで人間の真実を受け止めるというような人間教育は道徳が受けもつので、国語の授業では文学は読まなくてもよい、という文学軽視の論調ですね。

でも私は、文学こそ論理だと考えています。言葉と言葉のつながりを確かめて、物事の変容を読む。感性を働かせて、イメージをしながら読むことは大切な過程ですが、確かに読むためには、常に書かれている言葉に立ち返って読むことが、必要だと考えています。

谷内　自力読みベースの授業改善を進めたとき、職員がよく言っていたのが、「作品の中の言葉を大切にするようなった」ということです。

二瓶　なんとなく「きっと主人公は悲しいのではないか」ではなく、この言葉があるから悲しいのだろうとか、この表情の描写があるから悲しいという気持ちが伝わってくるとか、言葉を根拠に気持ちを読まないといけません。

物語の変容を読むというのは「こういう言葉のゴンがいて、こういう言葉で行動するゴンがいて、その言葉とこの言葉をつなげてみると、ゴンの気持ちはこんな風に変わったと分かる」ということです。つまり言葉と言葉をしっかりとつなげない限り、出来事の流れも変容も読み取れません。その上で、一つの会話文や行動から読み取れることはたくさんあります。書かれていることから、書かれていないことをイメージして、自分の読みをつくっていく過程が、物語を読むことでは大切です。

谷内　自力読みによって、言葉を選んでイメージしたり、言葉をまとめたり、作品の言葉を根拠に感想や主題をつくったりする力が高まりました。これからの子どもたちには、膨大な情報から、自分に必要な情報を抜き取ってそれを解釈して、自分の立場を決めていく力が必要だと感じています。

二瓶　その力を育むのは物語だからこそできることです。説明文ではなかなか育てにくい想像力、イメージ形成力ですね。こんなふうにイメージをしたのは、こういう言葉と言葉をつなげたからだなということを、自覚的にしなければいけません。書かれていないことをイメージしたとき、それをもう一回書かれている叙述に戻して、どうしてそのイメージをつくったのだろうかと、もう一回自分で確かめ直す読み方です。それを授業でするのが、物語の読みの授業です。読書は、自分のイメージだけで読み進めていけばいいのでそこまでは問いません。このような読み方は、論理的思考力を深めるので、その力は説明文にも生かされます。

谷内　説明文と物語の同じところはそこですね。ただ国語教育に一生懸命な先生方にかぎって、物語を正確に読むこと、物語を論理的に読むことを主張すると、物語の授業は、受験学力育成のように捉えて、物語の授業は、もっと自由にその子らしく読めるようにしたいなと言われることがあります。正しく読むことと自分らしい読みが相反するかのように捉えているんですね。私は、物語を正確に読むからこそ、想像が豊かになり、物語の世界に入り込めると思っています。

例えばですが、「まだ日が出ていない、深々と雪が降る朝、その少年は一人で公園にいました」という物語文があったとします。このとき、読者は夏を想像してはいけません。なぜなら雪が降っているからです。また、友達と公園で遊んでいる様子も想像してはいけません。なぜなら少年は一人でいるからです。場面を正しく捉えるからこそ、「なんでそんなに朝早く、寒いのに、少年は一人で公園にいるのだろう?何があったんだろう」という興味が生まれます。読解が苦手な子が、この文で、みんなでラジオ体操をしているような情景を想像していたら、少年の気持ちに同化できません。

二瓶　そうですね。物語というのは、元々出来事の流れの中の変容を描いています。言葉を巧みにつなぎながら、構造も含んで、意図的に言葉をつなげています。一の場面のさりげない言葉がどこかの場面でカチンとつながったときに、つながるように書いていることに気付かせます。そしてそれは、変容を描くために論理的に書かれていることに気付きます。

そして、物語を読んで、自分なりの感想や読みとして「悲しい」と受け取ったとき、悲しいと受け取ったのは、この言葉があるから、きっと悲しいんだろうと受け取った自分がいるんだなと自覚的に読めるようになります。

説明文も同じです。最初にまとめがあって、それを三つの視点から説得するために、最後にもう一回まとめ直して、プラス意見も入れている、というように、書かれている言葉と言葉をつなげながら論理的に読むことが大切です。

そうやって自分がもった読みを、自分で再検討して、自分で納得するという行為が重要なのです。教師は、そういう読み方を子どもに教えないといけません。このような読み方ができるようになると、これからいろいろな文章に出合ったときに、なんとなく読んだときの意見を自分で納得するためにもう一回読むということができるようになります。

谷内　物語の読みの授業をしようというとき、「主題を読む」ということに自信がない先生は多いと思います。説明文は、筆者の言いたいこと、一つの主張に向かって読みますが、物語は文中の言葉を組み合わせるなら、自分なりに受け取ってもいいとも言えるからです

二瓶　自分なりに受け取っていいのだけれど、まわりを納得させられなければいけません。つまり、なんでそう思ったのか、どの言葉を基にしてそう思ったのかを説明できないといけません。

ただし、物語は読み手自身の体験も含めて読むのでいろいろな読みができます。なんであの子はこういう読みをしているのだろうと聞いたときに、人は「だって」が出てきます。自分にも「だって」があります。それが物語の面白いところです。

説明文はスッキリと論理的な文章だから、それはそれで読めたという快感があるのですが、物語には別の面白さがあります。

谷内　そう思います。

二瓶　主観的な読みで留まっている限り、その発表会を続けてもその授業は子どもにも教師にも面白くありません。「だって」がないからです。「だって」が仕組まれているのが、優れた物語なのです。だから教材になっているともいえます。

谷内　「だって」というのは、子どもたちに「ど

二瓶弘行

うしてそう思ったの」と聞き返したときに、「だってここに書いてあるじゃん」というときの、「だって」ですね。

二瓶 そう。物語の授業では、様々な「だって」が出てきます。自分とは違う読みをしている理由はそういうことなのか、描かれている変容ってそんな変容も考えられるのか、そんなふうに、「へぇ～」と思える発見が物語にはある。だから、楽しい論理的思考の学びが出来るのは物語ではないでしょうか。詩にはもっと、「だって」があります。自分の考え、自分の読みを言葉に立ち返って、予め仕組まれている言葉のつながりを自分で納得するように読む。次に、自分とは違う「だって」を聞いたとき、自分が納得する言葉が押さえられていれば、もう一つの読みが成立すると思えます。

谷内 そのやりとりが、人とつながるための読解力、新・読解力を育てていると思います。

国語の授業で教えるべきこと

谷内　この数年、小学校では学習指導要領の全面実施に向けて、「主体的・対話的で深い学び」というテーマを踏まえた実践がたくさん提案されています。ただ、私からすると「どのように学ぶか」という方法論の実践が多く、「何を学ぶのか」という内容論の実践や研究が進んでいないように感じます。だから、今でも現場レベルでは、教科書会社の指導書が頼りで、「物語の教材で何を教えればいいのか分からない」というつぶやきが聞かれます。この課題に答えているのは文芸研とか読み研などの民間団体だったり、筑波大学附属小学校の国語部だったりします。この部分を授業方法と同時に追究していかないと「楽しく対話していたらよい授業」になってしまうと思うのです。その点「自力読み」は指導内容と単元構成、授業過程を同時に追究しています。二瓶先生が提唱されている「自力読みの観点」は、どのように作られたのですか。

二瓶　自力読みの観点は、物語を読むことの過程、読むことの行為の過程というのは何だろうというところから始まっています。そもそも、過程の先にある、読むことのゴール、つまり、この物語を私は確かに読めたと子どもが実感できるというのは、どういうことなんだろうと考えたのです。「確かに私はこの物語を読めたな」と実感をもたせるには、なんとなく読むだけでは実感はもてないわけだから、つまり読みの過程、こういう風に読んでいくことによって確かに読めたなと、読みの行為の過程を子ども自身が学ぶことが「自力読み」なのです。

谷内　そこが、これまでの系統学習と少し違っていると思います。これまでは、教科固有の知識の体系から指導内容が決まっていたよ

二瓶　うに思うのですが、二瓶先生は、確かな読みの力をもった子どもを育てるために必要な内容を選んでいます。そのおかげで、現場は何を教えるのかが明確になりました。もっと本質的なところに戻ると、読むこと自体はどういう過程を踏んでいるのでしょうか。つまり、物語を読むというのは、何を読むのでしょうか。言葉を読むのか、内容を読むのか……。読むことの行為は、何を読むことによって最終的な実感がもてるんだろうと考えたときに、先程も言いましたが、全ての物語は出来事の流れの中の変容を捉えているということです。すなわち起承転結とも言える出来事の流れの中での変容を描いている。だからこそ、物語の描く出来事の流れをしっかりと捉えた上で、捉えつつ変容を読み取る、それが物語を読むことだと思います。そしてその過程で、その物語自身が自分に強く語りかけてくること、「生きるって、人間って…」を受け取る。それこそが読むことの行為の過程です。

それを実際に、読みの力として一年生から六年生までのスパンで、どのように、何を獲得していくかと考えたときに、どういう観点をもって物語の言葉を読んでいけば流れを押さえることが出来るのか、それが「自力読みの観点」です。

例えば、「場面」という用語を知らないと、出来事の流れを押さえるという読み方は出来ないわけです。場面が移り変わるという読み方を知らなければ、出来事の流れは確かに捉えることは出来ません。

次に、場面はどうして変わるのかを学ぶときに「人物」という物差しが必要になります。人物に関わる言葉を押さえるからこそ場面が移り変わるという見方が出来ます。それが出来事の流れを捉えるために重要になってくるわけです。

そうすると今度は、「人物」とは何だろうかという学びがされていないと、またわからなくなります。人物の捉え方も教える必要がある。物語に出てくる生き物、キツネがいたり、クエがいたり、ガンがいたり、人間だっているし、いろいろな大事な生き物だったり人間が出てくるけれど、物語においてはこういうものを「人物」と言うのだということを学んでない限り曖昧に読んでしまいます。例えばそういうことを知らないで物語を読んでいる限り、確かな読みを子どもたちは実感できないでしょう。だから用語を、その定義も含めて教えなければいけないのです。

また他にも、例えば「あらすじ」があります。

あらすじというのは、起承転結、場面の移り変わりを文章化したものです。

あらすじをまとめる力は、物語の流れを意識して読む、というための極めて重要な力になります。プラス変容をまとめる力も、あらすじをまとめることによって段々と見えてくるようになります。

つまり、出来事の流れを捉えずして変容は見えない、変容を読めずして確かな感想はもてない。だから、出来事の流れを文章化したあらすじをまとめることを学習していると、それを意識して読んでいくようになる、という力が付いていくわけです。

そして、あらすじをまとめる力が付くと、「この物語はこんな風だよ」と人に説明できるようになるわけです。あるいは自分でまとめておくと、自分で自分を納得させることが出来るのです。だからあらすじは大事なのです。

このような「あらすじ」という学びをしていると、個人の読書でも、読みながらあらすじを意識するようになります。だからこそ、確かな物語の読み手、自分が読めたという実感をもたせるためにはやっぱり外せない観点だと思っています。

谷内　そんな思いで観点を決めていたのですね。自力読みで学んだ定義や読解方法は、その作品を離れても活用されます。

二瓶　最低限必要な観点です。一連の読みの行為の中で押さえなければいけません。

新学習指導要領の構造とこれからの国語授業

谷内　ここで学習指導要領についてお聞きします。今回の改訂では、「読むこと」の学習活動が具体的に示されました。

二瓶　学習指導要領は「構造と内容の把握」、「精査・解釈」、「考えの形成」、「共有」というように、授業論として学習過程を世の中に示しました。これは、先程私が言った読むことの行為の過程と重なっています。つまり、出来事の流れを押さえ、変容を読み取っていく過程が、例えば場面の移り変わりから山場を押さえ、山場を押さえたからこそ自分自身で大きな問いをもつことができ、そして、問いに従ってもう一回言葉と言葉をつなげながらその変容を自分の読みとして確かにもつ、という読みの行為です。その過程で、その物語が自分に強く語りかけてくるもの「主題」が受け取れます。だから、一段階目の「構造と内容の把握」を私は極めて重要だと考えています。「構造と内容の把握」をしっかりとした上で、「精査・解釈」の段階がある。そうした場合、学習指導要領に示してほしかったのは、一段階目の「構造と内容の把握」で、実際にどのような学習用語を低学年から教えていけばいいのかということです。それがあるから「構造と内容の把握」の学びが成立するのです。そこを曖昧にしている限り、

谷内卓生

授業で何を教えればいいのかがわからないという意見はこれからも減らないと思います。

谷内　私もそこに問題を感じていました。例えば、「構造と内容の把握」に、物語の「構造」に関する記述が少ないことです。説明的文章には、「順序」とか「段落相互」とか「文章全体」という構造に関わる言葉があり、まだイメージができるのですが、文学的文章の「場面」や「物語の大体」は、あまりにざっくりして、それらを教えるためにどんな活動を行えばいいのか、イメージできません。

二瓶　学習指導要領では「具体的に何を教える」という部分は曖昧になっています。それも「精査・解釈」の内容と整理されていない。だから、現場が「どうすればいい？」となったら、我々現場にいる人間が、研究し具体を示していくしかないと思っています。

「構造と内容の把握」の段階で具体的にどのような学びを展開すればいいのか、低中高で、しかも教材の特性を踏まえて。この教材だからこそ、この段階の学びに対応しているというのがあるので、教材の選定も大事になってきます。そういう意味では、教科書はそういう部分にも踏み込んでいます。

本来、学習指導要領などで定義が示されていれば、それを全国の教師が共有し、それぞれの学年や教科書で学ぶことができるのですが、現状、学習用語なども教科書が定義し、系統化も考えつつ構成されています。ただし、教科書によって定義が違っているものもあります。だから、それを受け止める我々がもっと検討しない限り、確かな読み手は確かに育ちません。

確かな物語の読み手というのは、物語は面白いと知っている子どもです。物語を読むことって面白い、だから物語を読んでみたい。時間があれば、読みたいものがあれば、もっと読んでみたい。それでいて読み進められる子です。その時点でその力をもっている子どもとも言います。だけどそれはまだ未熟なものだから、九年間かけて、もしくは高等教育も踏まえて、もっと力を付けていくのです。そういった読み手を育てたい。つまり自力読みの読み手を育てたいのです。

でもだからこそ、そのためには、授業を通して教えないとそのような読み手は育ちません。なぜなら、授業というのは、読めているようで、実は読めていないことがあるということがわかる場だからです。

例えば、物語が描いている変容を捉えるときに、「視点」という観点を学んだら、地の文にも実は人物の心が書かれていたり、視点人物の目線で書かれているものは、誰かの目で見たこと、誰かの想いさえも、今までなんとなく読んでいた風景描写にさえも心情が投影されていることに気付いたりします。その時、心の変容が見えてきます。授業でそれを学ぶと、読むということがもっと面白くなって、それがまた読書生活に返っていくのです。

この一連の、子どもたちの学習意識をずっと育て続ける。それを無くして主体的な学びはあるのでしょうか。私たちが目指している学びというのは、そういうレベルだと思っています。

谷内　学習指導要領に関わってもう一つお聞きします。国語科には、〔知識及び技能〕と〔思考力・判断力・表現力等〕という二つのカテゴリーがあり、〔知識及び技能〕には、言葉の特徴や使い方、情報、言語文化に関する内容が示されています。一方〔思考力、判断力、表現力等〕には、これまで各領域の指導事項とされていたものが示されています。ただ、これでは、物語や説明文の読解に関する知識や技能が見えなくなると思うのです。例えば物語で最も詳しく気持ちが描かれる人物を、主人公とか中心人物と呼ぶことの知識とそれを見分ける技能、時・場・人物がほぼ同じ部分を「場面」と呼ぶことの知識と、それを判断する技能が必要です。

これは、今日の学力観が、知識・技能などのコンテンツ・ベースから資質・能力のコンピテンシー・ベースに変化しているからだと思うのですが、これでいいのかなと疑問を感じます。

その点、「自力読みの観点」は、〔知識及び技能〕としても捉えられるし、〔思考力、判断力、表現力等〕としても捉えられます。先生はどちらだとお考えですか。

二瓶　どちらでもあります。そもそも〔知識及び技能〕と〔思考力、判断力、表現力等〕で無理矢理二つに分けること自体に無理があると考えています。学習指導要領は、いわゆる、これまでの言語事項と言われていたような、読むための基礎的な技能、たとえば漢字が書けるとか、そのレベルを〔知識及び技能〕にもっていったと考えています。ただし、物語にしろ説明文にしろ、読むことにおける知識及び技能がそこだけで網羅されているわけではありません。知識・技能無くして表現力も思考力も判断力も育つことはありません。だから読むことに関する知識及び技能はきちんと付けて、その力を糧に読むことを通して思考力、判断力、表現力が育まれるということを、教師自身が自覚的に授業を組み立てることが大切です。だから自力読みは両方に関わるのです。

谷内　私もそう思います。二つはつながっていて離せないし、一方に偏ってはいけないと思います。

国語科の目標に「言葉による見方・考え方」というキーワードがありますが、たとえば、先ほど二瓶先生がおっしゃった「あらすじを勉強すると自分の読みの中でもあらすじを意識して読むようになる」というのが、国語ならではの「言葉による見方・考え方」になると思うのです。私たちの実践でも、子どもたちは「もうすぐ山場がくるぞ」とか、「いっぱい気持ちが書いてあるから、この人物が中心人物だ」とか、解釈しながら、予想しながら読むようになっていました。算数の文章問題を解いているときにこんなことを考えない。物語を読むときに、授業で学んだ特有の見方・考え方をワクワクしながら活用するんです。

二瓶　山場やあらすじを捉えて構造や内容を把握することも説明文や物語を読む上で大切な読みの観点であり、知識及び技能です。それを踏まえた上で、表現力も判断力も思考力も育てていくということをどう捉えるか、これから私たちが具体化していく必要があります。

学習指導要領の枠組みが変わったとしても、国語授業で育てるべきは、読む力であり、書く力であり、聞く話す力なのだから、それが生きる力としての言葉の力だということは変わることはありません。

谷内　ありがとうございました。

おわりに

今から一七年も前、新潟県の中でも雪深い十日町市の小学校に勤務していた頃です。近くの学校に東京から有名な国語の先生が来ると聞き、その研修会に参加することにしました。体育館の一角に仮の教室があり、百人以上の参観者が囲んでいました。鋭い眼光とは真逆に「二瓶ちゃんと呼んで」と話し始めると、その先生は詩の技法をまるで子どもたちが自分で発見したかのように導いていました。そし授業の後半、子どもたちは学んだ技能を生かした詩をいくつもいくつも創作していました。「できる子を相手にしている東京の先生が、地方の学校の飛び込み授業でどこまでできるのか」と半信半疑でいた私は、その授業力に圧倒されました。あのときの感動（悔しさ）が、今でも授業研究の原動力となっています。

私が出会った多くの国語実践を振り返ると、それらは大きく感性志向型と技能志向型の二つに分けられます。お読みいただいたように私は技能志向型です。したがって授業を通して言葉への感性を高めようとする立場の方には、私の主張は、数値学力に囚われたシステマチックな指導論に映るでしょう。もっと言えば、子どもに知識・技能を与えるという教育観そのものに疑念を抱かれるかもしれません。仕方ありません。眼の前に、本を読んでもだれが何を言っているのか正しくイメージできない子がいたとき、ただ読書の時間を増やしたり、劇をしたり、詩を書いたりしていても、社会を自分らしく生きるための国語の力は身に付かないと、どうしても思ってしまうのです。例えばバスケットボールの楽しさを教えようとするとき、ただ試合ばかりしていても「何となく楽しい」に留まってしまいます。試合と並行して、みんなでドリブルやパス、シュートの練習をして技能を高め、チームプレーを教えていけば、いずれ自分たちでゲームを組み立てられるようになり、試合を深く楽しめると思うのです。

本の出版にあたっては、多くの方からご指導やご支援をいただきました。糸魚川市教育研究会、上越国語連絡協議会、上越教育大学の皆様からは、読解力向上プログラムの実践発表の場を与えていただきました。糸魚川小学校の先生方は、私の曖昧な説明にも耳を傾け、「研究主任がしたいことをみんなでやってみよう」と実践を積み重ねてくれました。中でも、研究を始める前から、公私に渡って支えてくださった池原栄一先生には感謝の念に堪えません。

また現場に出て、自力読みが優れた理論であることに気付くには、大学・大学院での学びが必要不可欠でした。諸岡康哉先生から授業論を、山本敏郎先生から生活指導論を、松下良平先生から道徳教育論を学ぶことができました。そして今、自力読みを基盤とした授業実践を全国に発信している「夢の国語授業研究会」「〝夢〟塾」の皆さんの活躍が心強いです。

最後になりましたが、東洋館出版社の西田亜希子さんには多大なご尽力をいただきました。理論や実践を整理するのに時間がかかり、お話をいただいてから四年も経ってしまいました。何度書き直しても根気良く支援してくださったことに深くお礼申し上げます。

令和元年十月

新潟県上越市立富岡小学校　谷内　卓生

○読解力向上プログラムに携わった職員

平成二十四年度から平成二十七年度までに新潟県糸魚川市立糸魚川小学校に勤務した教職員

池原　栄一　校長
靏本　修一　校長
渡邉　寿敏　校長
猪又　英一　教頭
秋山　伸宏　教頭
岩月　高峰
小山　加代
市川　哲
木下　アヤ子
石垣　美千代
長田　裕美
村田　敦子
冨澤　博子
中村　智子
今寺　皇祐
恩田　洋
長谷川　和恵

倉又　圭佑
松葉　美紀
大瀧　綾
池田　利充
水澤　勝宏
山﨑　碧
牛木　隆夫
山下　誓子
大桃　和行
和田　君子
和泉　恵
宮島　ひろみ
北島　理子
関澤　康子
小山　峰子
田原　陽子
日馬　理香

渡邉　美保
金澤　薫
髙橋　幸子
銀林　則雄
白澤　茂夫
斎藤　智子
小島　佐栄子
田原　芳子
若山　直美
吉川　裕子
森　敦子
中村　佳稔
両川　絵美
太田　有美
塚田　晃子
山岸　辰徳
池田　利充

松﨑　祐太
市川　佳奈子
林　ひろみ
山田　聡
小林　由紀恵
大塩　匡子
小林　健治
水嶋　隆一
間島　和貴
阿部　真弓
笹野　彩
小幡　綾乃
澤田　隆
中森　壽美
松澤　絵里
水嶋　信太郎
星野　照美

磯貝　啓一
川原　佳子
金子　通子
渡辺　由香
田中　歩
猪又　みのり
宮口　和博
岡沢　裕治
秋山　桂子
村井　直美
渡邉　興勝
関原　直子
中澤　祐人
恩田　美里
丸田　正
齋藤　久子
谷内　卓生

谷内　卓生（たにうちたくお）

〔勤務校〕新潟県上越市立富岡小学校
〔出　身〕金沢大学教育学部卒業（H5）　金沢大学大学院教育学研究科修了（H7）

〔主な著作・発表〕
○「文学的文章の読解単元における習得・活用型授業の試み」上越教育大学教育実践研究第24集、二〇一三年
○「音読で読解力を高める」『子どもと創る国語の授業No.43』東洋館出版社、二〇一四年一月
○「全校で『読みの観点』の習得・活用に挑んだ糸小プランの歩み」『第19回基幹学力研究会全国大会ワークショップ』二〇一五年二月
○「朝の会・帰りの会の目的と内容」『国語教室づくりの極意　学級づくり編』東洋館出版社、二〇一五年二月
○「物語の読解単元における音読の種類」『国語教室づくりの極意　国語授業編』東洋館出版社、二〇一五年二月
○「ファンタジー作品の教材分析」『国語教室づくりの極意　国語授業編』東洋館出版社、二〇一五年二月
○「付けたい力を焦点化させた作文単元の指導」『国語教室づくりの極意　国語授業編』東洋館出版社、二〇一五年二月
○「立場と理由がはっきり伝わる意見文を書こう！」『言語活動アイデア辞典』明治図書、二〇一五年八月
○「『私の何でもベスト3』で学級全員スピーチ名人！」『言語活動アイデア辞典』明治図書、二〇一五年八月
○「全校で『自力読み』に取り組んだ成果と課題　その2」『第20回基幹学力研究会全国大会ワークショップ』二〇一五年八月
○「『え』と思わせる音読をつくる」『国語教育No.792』明治図書、二〇一五年二月
○「鼎談　系統的な指導を実践するには」二瓶弘行『系統的に育てる物語の読みの力』文溪堂、二〇一六年三月
○「『自力読み』をアレンジするレシピを紹介します！」『国語「夢」塾研修会ワークショップ』二〇一六年二月
○「全校の読解力を高めた『自力読み』の魅力」『子どもと創る国語の授業No.52』東洋館出版社、二〇一六年六月
○「三年とうげ」『板書&イラストでよくわかる365日の全授業3年下』明治図書、二〇一六年
○「漢字の広場⑥」『板書&イラストでよくわかる365日の全授業6年下』明治図書、二〇一六年
○「伝言ピクチャーゲーム」『国語教室づくりの極意　一時間授業編』東洋館出版社、二〇一六年
○「1年　詩　ことばのリズムをたのしもう」『小学校国語3つの視点でつくるアクティブ・ラーニング』明治図書、二〇一六年
○「卒業式に向けた『カウントダウンカレンダー』を作ろう」『書く活動アイデア事典』明治図書、二〇一六年
○「互いの考えの共通点や相違点を整理しながら話し合おう」『国語教育No.801』明治図書、二〇一六年
○「漢字ドリルと辞書を使って授業モードに切りかえよう！」二瓶弘行編『小学校国語ミニ言語活動アイデア事典』明治図書、二〇一八年
○「なぜ、子どもたちは『自力読み』が好きなのか」全国国語授業研究会『子どもと創る「国語の授業」No.59』東洋館出版社、二〇一八年
○「『自力読み』を基盤にした読解力向上カリキュラムの構築」二瓶弘行編『実践二瓶メソッドの国語授業』東洋館出版社、二〇一八年
○筑波大学附属小学校初等教育研修会「授業についての研究協議及び研究主題に関するシンポジウム」にて「読解力と主体性を高めた『自力読み』の魅力」を発表。二〇一八年
○第3回夢の国語授業研究会ワークショップにて「AIに負けない！リーディングスキル講座」を発表。二〇一八年

〔引用文献〕
○二瓶弘行『夢の国語教室創造記』東洋館出版社、二〇〇六年
○二瓶弘行『夢追う教室―太陽の子と歩んだ日々―』文溪堂、二〇一七年
○二瓶弘行『物語授業づくり一日講座』文溪堂、二〇一一年
○二瓶弘行『国語授業のつくり方』東洋館出版、二〇一一年
○二瓶弘行『教材研究の条件』東洋館出版、二〇一二年
○二瓶弘行『物語の「自力読み」の力を獲得させよ』東洋館出版社、二〇一三年
○二瓶弘行『物語授業づくり入門編』文溪堂、二〇一三年
○二瓶弘行『子どもの学力がぐんぐん伸びるお母さんと一緒の読解力教室』新潮社、二〇一四年
○二瓶弘行『系統的に育てる物語の読みの力』文溪社、二〇一六年
○二瓶弘行『二瓶弘行の授業「海のいのち」全時間・全板書』東洋館出版社、二〇一七年
(1)赤坂真二『学級を最高のチームにする極意』明治図書、二〇一三年
(2)大西忠治『文学作品の読み方指導』明治図書、九九三
(3)森俊夫、黒沢幸子『解決志向ブリーフセラピー』ほんの森出版、二〇〇二年
(4)筑波附属小学校国語教育研究部『読みの系統指導で読む力を育てる』東洋館出版社、二〇一六年
(5)田村学編著『カリキュラム・マネジメント入門』東洋館出版社、二〇一七年
(6)『筑波大学附属小学校初等教育研修会要項』二〇一八年
(7)吉本均編著『新・教授学のすすめ　教材解釈と発問づくり』明治図書、一九八九年、はじめに
(8)吉本均『学級で教えるということ』明治図書、一九七九年

〔引用文献・参考文献〕
○吉本均『現代授業集団の構造』明治図書、一九七〇年
○阿部昇『力をつける「読み」の授業』学事出版、一九九三年
○阿部昇『国語力をつける物語・小説の「読み」の授業』明治図書、二〇一五年
○西郷竹彦『文芸学辞典』明治図書、一九八九年
○白石範孝『3段階で読む新しい国語の授業　2実践編　物語の授業』文溪堂、二〇一二年
○青山由紀「自力読みの観点」『子どもと創る「国語授業No.59」』東洋館出版社、二〇一八年
○青木伸生『思考と表現の枠組みをつくるフレームリーディング』明治図書、二〇一七年
○桂聖編著『教材に「しかけ」を作る国語授業10の方法』東洋館出版社、二〇一三年
○菊池英慈「新学習指導要領から見る二瓶実践の意義」『子どもと創る「国語授業」No.59』東洋館出版社、二〇一八年
○渡部洋一郎「興味・関心を重んずる授業と学び方を教える授業」『上越の国語教育』二〇一三年
○奈須正裕『「資質・能力」と学びのメカニズム』東洋館出版社、二〇一七年
○新井紀子『AI VS―教科書を読めない子どもたち』東洋経済新報社、二〇一八年
○松下佳代「〈コンテンツVSコンピテンシー〉の対立をこえて―「能力」の入れ子構造とディープ・アクティブラーニング―」『日本教育学会第75回大会』二〇一八年
○岩田将英『解決志向アプローチ』明治図書、二〇一五年
○寺田喜男「上越の教育風土を育んできたもの」上越教育大学教育実践研究センター、二〇一八年
○上越カリキュラム開発研究推進委員会『上越カリキュラムハンドブック』二〇一三年
○戸田正明「『主体的・対話的で深い学び』を目指したカリキュラム・マネジメントの推進」校内研修資料、二〇一八年
○樺沢紫苑『学びを結果に変えるアウトプット大全』サンクチュアリ出版、二〇一八年

新・読解力向上

「自力読み」ベースの国語授業リノベーション

2019（令和元）年11月1日　初版第1刷発行

著　者　谷内　卓生

発行者　錦織　圭之介

発行所　株式会社　東洋館出版社

〒113-0021　東京都文京区本駒込5丁目16番7号
営業部　電話 03-3823-9206　　FAX 03-3823-9208
編集部　電話 03-3823-9207　　FAX 03-3823-9209
振　替　00180-7-96823
U R L　http://www.toyokan.co.jp

デザイン／製作　株式会社明昌堂

印刷／製本　藤原印刷株式会社

ISBN978-4-491-03649-6／Printed in Japan